施明德 語錄

我只帶來信心【珍藏增訂版】

施明德 著

推薦語

——余範英／余紀忠文教基金會董事長

成就信心

追尋Nori生命的完成，靜觀生命的面目。

僅見他，以異於常人的敏銳，駕御不朽的信念。特殊的一生，超越塵世的生命價值，將永恆。

眞實的苦厄，是悲壯英烈不惜一切的離捨，瀟灑自然的跌宕匍匐，是不能讓摯愛的台灣失落，子孫有自由意志的未來。

難忘Nori，爸爸在等著你。

——**管中閔**／臺灣大學前校長和中央研究院院士

施明德主席早已將傳奇的一生寫入臺灣的歷史。爲了臺灣的前途，他反抗，他鬥爭，絕不低頭，更從不畏死。他甚至曾用最殘酷的自我折磨——超過四年半的絕食——來宣示他抗爭的決心；這種壯烈，曠古絕倫。人能如此，必然是因爲有著強大的信念和信心。

《我只帶來信心》是施明德主席留下的語錄，也是他畢生心血的吉光片羽。這些話語，來自他人生不同的階段，彙集了他堅持的信念，深沉的思考，以及他對臺灣和人民的期待。他艱苦奮鬥的一生，使得書中每一句話都像由他渾身血肉所鑄成，而每一頁也將如同石碑鐫刻，歷千百年而不被湮沒。

捧讀此書，如聞其聲，如見其人；施主席所帶來的信心，也將永遠與我們同在。

推薦序

——陳菊／國家人權委員會主委

我與Nori相識近半世紀，在我眼裡，他始終埋頭苦幹，無論遭遇多大的困境從不輕言放棄。

一九七九年十二月十日，美麗島及黨外民主人士在高雄舉行的世界人權日的遊行，除了改變我們的命運，也撼動了臺灣的未來。

我仍記得Nori在軍事法庭上爲理念辯護的慷慨激昂，那視死如歸的勇者無畏；提到林家血案時的痛苦與悲愴，更向法官直言願以己命換取社會和諧，莫讓殺戮仇恨繼續撕裂臺灣。

一九七七年，我認識Nori的時候，他三十七歲，才從十五年的牢獄之災中脫離，想不到短短兩年，Nori又被判無期徒刑，期間非人道的對待，不足與外人道，他咬牙頑強絕食對抗。

海內外爲了營救Nori不斷奔走呼籲，直到一九九〇年，前總統李登輝先生對美麗島事件政治犯頒布特赦令，Nori走出囹圄對所有人說的第一句話竟是「忍耐是不夠的，還必須寬恕」，不久後他再次投身臺灣民主運動，如此強韌的生命力與堅定意志、守護民主臺灣，這就是我所認識的Nori。

Nori用他的一生追求臺灣的民主自由，從來沒有改變過，也爲我們留下豐富的著作，詳實記錄彼時專制、獨裁與殘酷，一再告誡世世代代，莫要重蹈覆轍。

Nori這一生自由奔放，也唯有如此浪漫的人，才經得起那般驚濤駭浪仍能揮灑來去自如。

這美好的仗你已然打過，你的離去，象徵著那個世代的結束，Nori老哥，願你一路好走。

推薦序

將死亡，當最後一杯好酒，啜飲

——**陳文茜**／資深媒體人

親愛的主席，寫此封信時，您已經脫離痛苦的肉身；回到天主的懷抱。

最後一次聽到您的聲音是兩個月前，您昏倒，再醒來，打電話向我交代遺言。

口氣穩定，平靜，勇敢面對。

您說：「我是天主的僕人，我倒下去的時候，看到身邊站著黑衣人，我明白自己的時間到了。天主要把我接走。……妳要幫我照顧小板和笳笳。」

我答應了您，但我不願接受，也不願相信。

生病五年來，是你推著輪椅將我送入手術室，當我病情再惡化時，是你們幾乎天天爲準備食物。我菌血症時離開醫院，是你們全家天天奔來照顧我。

於是我維持了近二十九年來一貫和您說話的頑皮撒嬌口吻，「主席，我會照顧您的女兒。可是您怎麼可以把孩子託付給可能很快就會走的人？您若被黑衣天使帶走，那誰來照顧我？」

自從紅衫軍運動之後，您愈來愈孤獨。

他們說：革命者是帶著翅膀的天使。而你不論在那個顏色的天空，都是飛行的孤獨者。

您是否累了？

決定在此刻，斷翼墜地。

以戲劇性的死亡，沉默地向所有的人道別？留下遺言，沒有追思會，沒有喪禮。

你輕輕的來，在愛過，恨過，努力過，奉獻過，苦難過，折磨過，……你看穿了一切。於是，你決定輕輕的走。

過去三十年您和心愛的妻子在生活上相依爲命；在政治上，我陪著您一起走過，走過各種艱辛的路。

您出生高雄富裕的家庭，受盡疼愛。年少時目睹二二八事件，「革命的種子」在您的心裡從此種下。

這一生，您不只未曾戀棧物質名利，您不斷的在革命。革各個政黨的命。

戒嚴時期，您革命兩次，皆被判處無期徒刑。

第一次是「小人物的革命」，二十二歲一個少年英雄，好像拿起一個雞蛋，想對抗牢不可破的黨國大軍。被抓捕後，偵訊期間，你慘遭刑求，全部牙齒皆被打至脫落，從此開始您的假牙人生。

當這個島嶼上百分之九十九皆選擇沉默馴從時，你一個小伙子，已帶著巨人的心靈，毫不畏懼地對抗戒嚴軍事統治。

民主政治的理想，對您而言，不是寫一本禁書，不是一篇動人的啟蒙文章。

您以生命相許，您毫不退卻。

前年當我身體非常虛弱時，您堅持我到你家，參加感恩節聚餐。因爲那是您和天主對話領悟和解的五十週年。

燭光中，你站起來，發表您的回憶。當時您被關在綠島，前妻已經離開您。您的家人並不知道你的家變，法律也不允許他們至牢裡看你。你身無分文，即使維持生活的起碼尊嚴也毫無著落。您把內衣撕成一塊又一塊的布，將最小也最難以啟齒的身體污物洗淨。之後，您想到母親的米漿，於是每天上午的白飯，您只吃半碗，挨著餓，另一半米飯做成米漿，洗淨布料，重複使用，因爲當時的你連一張衛生紙都買不起。

於是五十年前的感恩節，您質問天主。「不公不義的天主，您爲什麼可以容許粗暴的政權迫害我，您爲什麼可以讓我父親留給我的財物完全被奪走……讓我一人淒苦地留在這小囚室？」

正當您痛哭流涕地責問天主時，淚水中您忽然看到耶穌釘在十字架的模樣，他的眼睛正流著血淚，祂的雙手在十字架上，正流著鮮血。

那一刻您瞬間明白，眞正的天主僕人，不是至教堂祈求自己的平安。眞正的信徒是和耶穌一樣，流著血，承受苦難。

那一刻，您不再恨，不再不平。你和自己內心的憤怒、仇恨，和解了。

從此一生，您放下了所有的恨。

和自己，和背叛你的人和解；甚至和起訴您的人，和判處您無期徒刑的人，一一和解。

您說：寬恕，是結束苦痛最美麗的字眼。

那不只是政治上的，包括私人領域上的。

一九九五年，我剛剛從美國回來約半年，您公開主張「大和解」。有多少人能共鳴您對於「大和解」的領悟，正是來自生命最苦難的時刻。

算計選舉的人們，認爲省籍的和解、黨派的和解，完全不利於政治仇恨的動員。

他們不會也不可能明白，那是從苦難中，長出的般若花，那朶花的心蕊中，是您無數個黑暗的日子生養出來的花蕊。

一九八〇年，高雄事件其他受刑人自然在軍事法庭上一一撇清和遊行暴動事件的關聯時，您再次勇敢地拒絕律師辯護，擔起一切責任，您不只要求軍事法庭不要濫殺無辜，最後您連續大聲嘶力吼出：一種可以穿透所有謀殺武器的嘶吼聲，「請判我死刑，請判我死刑……」不斷地重複。在軍事法庭上。

您的哭聲如此響亮，傲慢的權力力量，在你面前如萎縮的廢石。石頭可以砸死人，也可以墊高一個巨人，一個面對可能被槍斃命運無懼的您。

在法庭旁目睹的我們，一一流下淚水，那一年我二十一歲，台大法律系四年級，尚未畢業。我親眼看見一道光照向這個島嶼，它雖孤單卻強烈無比。

那惟一的一個人，那義無反顧的一個人，那不懼死亡的施明德。

由於您的頑強，您判刑最重，出獄也最晚。您的難友，一個一個先出獄，擔任主席，享受光芒。

一九九〇年，經過長期絕食，強制痛苦灌食三千零四十次，您終於出獄。

但是出獄那天，你無家可歸。

兄妹在國外。您曾經的家人，已經遺棄了你。

當報紙的標題刊登斗大的字眼：「施明德出獄」時，您既是英雄，也是一個孤單的靈魂。

那一夜，您睡在陳菊的小客廳。

幾年之後您擔任黨主席，我們相識。

我發現您還在「革命」。

您是台獨人士的英雄，您坐牢近二十六年，您是台灣的曼德拉。但您沒有享受權力，讓推動政治改革的心停下來。

您希望台灣政黨輪替。

您知道民進黨的台獨黨綱必須以新的詮釋；否則美國會用盡各種方法，阻止民進黨執政。

爲了說服美國，民進黨是一個「穩健的力量」，您在華府對著友台團體表示：「民進黨執政不必也不會宣布台獨。」「中華民國有自己的總統，政府，軍隊……台灣沒有必要宣布台灣獨立。」

去美國前，您和我討論，我爲您分析了華府的戰略，白宮看民進黨的角度。於是那幾個字，「民進黨執政不必也不會宣布台獨」是您突然說出口，我幫您抄寫清楚，並且翻譯成英文。

它從此成爲歷史文獻，成爲政黨輪替民進黨執政後，掌權者的護身符。

沒有人需要被迫宣布美國不會容許的紅線。

可悲的是，擅長鬥爭的人，在您有遠見的主張提出時，紛紛躍起，後來當然也收割。

他們拿著白色黑色字體如喪禮的布條，至黨中央一樓斥責：「台奸，滾出民進黨中央。」

他們說的台奸是坐牢近二十六年的施明德；不是我。

二十六年的光芒，瞬間如敝屣，一口假牙的施明德……咬著他的牙齦，抵抗各方攻擊。

那一年，我三十七歲。已看盡世態炎涼，尤其政治多麼無情。

二〇〇一年初因爲不可想像的黨內羞辱，您宣布退出民進黨：一個您賭上生命換來的政黨，一個您細心呵護想將之推向執政的民進黨。

親愛的主席，您是我在台灣看過永遠不會退卻，也永遠不會妥協大原則的惟一領導者。

當您發現扁家貪腐時，您毫不猶豫，更不是黨奴，發起紅衫軍運動。

兩次大遊行，分別創下五十萬及一百萬人史上最高人數的紀錄。

你在雨中下跪，向正直的台灣人民下跪。

您也在民進黨各方羞辱中，嚐盡冷暖。

您申請演講活動場地，昔日戰友，不顧民主原則，只有雲林縣長蘇治芬，念著您當年的救父舊情同意批准，其他多數民進黨執政縣市，一一拒絕。

他們不知道，他們保護的不是自己的政黨，而是擁抱貪污。只要在本土的概念傘下，貪污、利益輸送，卽可被接受。

這是您的第四次革命，向貪腐的曾經同黨總統Say No。

兩年前，您邀請陳菊和我去您家跨年。我傻傻地去，等倒數結束後，您高喊，「我八十歲了！我本來二十二歲就要被槍斃的人，居然可以活到八十歲！」

但這幾年，您是落寞的。可是您對他人的關愛從未停止。您怕我不知道如何照顧自己，您怕昔日政治難友不懂得疾病控制。

有回我問您，主席，您爲什麼要對我這麼好？

您的回答不是令我驕傲，而是淚垂。

您回：「因爲妳從我當主席至今近三十年，對我都一樣。」

這背後的蘊含的是您這些年被鬥垮後，時而必須親眼目視一些同志對您的無情。

您一輩子都在受苦。如果老天，給予您最後的禮物，就是一個小小的但非常幸福快樂的家庭。

在您彌留時，嘉君抱著您，她這陣子，爲了照顧您，每天晚上只睡在車上。

抱著您時，她居然睡著了，您終而在一個愛的擁抱中，不再是苦難中，離開了。

凌晨一時三十七分，鐘聲沒有響起，我離開時，台北街頭一片黑暗。

台灣曾是您深愛的土地，傷心欲絕的土地，終而離開的土地。

您走的這天，二〇二四年一月十五日，正是您的生日。
您的眼簾遮蔽了外面的一切，帶點淚水，卽使在「革命之路、理想之路」中，您始終孤獨，年復一年；但至少您在愛的環擁中，離去。

未來換一個肉身，下次再愛。
希望新一代的領導人及世人，不會再給您那麼多的遺憾。
希望我們下輩子仍然是永不離棄的同行者。

但願許多心靈領悟，
但願許多人學會：
小心地傾聽，
風，如何成爲殺手，

殺死那些具勇氣、視野的偉大人物，
微笑著離開最後的句點，
把訣別當生日紀念，
解脫自己從肉身飄散，
將死亡當一杯好酒啜飲。

目錄

語錄

編者的話

——施陳嘉君

這是第一本問世的施明德語錄，我選用主席的話《我只帶來信心》命名。彼時他剛坐牢二十五年半出獄，受邀到美國國會作證，離他過五十歲生日還有兩個多月，可以說人生一半以上都在監牢裡；或者更較真地說，成年之後將近三十年的青春歲月當中有二十五年半全被囚在牢獄中。自然地，大家都想聽聽這個剛剛歸來的政治犯有什麼血淚控訴，但他沒有這麼作，反而昂然地對這個世界說：「我只帶來信心」。一如他美麗島軍法大審面對強權的笑傲，面對死刑的從容；一如他紅衫軍圍城成功時面對人民的謙遜跪謝上天；一如他歷經苦難嚐盡冤屈後，選擇放下仇恨力行寬恕和解，他總是令人驚奇，總是帶來啟示。

美國國會聽證之後一個月時序來到美麗島事件十周年，十二月的台北夜裡冷風颼颼，我倆邂逅於台大校門口，那年我二十二歲，他穿著一條與我同樣淺藍色的牛仔褲緩緩地向我走來，遠遠地望著他時，我心想就算窮盡我人生的一切感知與想像，也無法揣摩被遺棄被監禁了二十五年半的孤絕歲月是什麼？可當他湊近看向我時，他眼底清澈如水炙熱如火，一點沒有那種吐露著風霜隱藏著心事的混濁？他的言談舉止溫文儒雅不存在一絲憤恨？當時我是一群聲援政治犯的學生之一，也見過不少政治犯，但眼前這個鼎鼎大名剛從地獄歸來的政治犯不同凡響，他仍保有難能可貴的赤子之心，真真正正地出污泥而不染，這世間幾人能夠？

回顧施明德先生的一生，從小懷抱堅定的信仰，追求理想勇於犧牲，遭逢苦難卻甘願奉獻，歷劫歸來亦無怨無悔，領悟寬恕之美並身體力行和解。年幼時，他在家門口親眼見證二二八大屠殺，無落下恐懼的陰影，反而立下崇高的志向；青年時，他出身富裕之家，卻棄人生坦途不走，甘願投筆從戎，一心推翻獨裁政權，一意解放台灣於外來殖民地之命運。二十一歲時，他被逮補刑求，拔光所有牙齒，判處無期徒期，然而監禁與磨難皆未曾動搖他的心志，蟄伏十五年出獄後，雖然心知肚明若再走上同樣這條路，途中等著他的依舊是那個「唯一死刑」，卻仍矢志爲信仰繼續奮鬥，咬緊牙關，鄙視當局一切利誘，謹慎周旋於特務之間，披星戴月直到再次被捕。縱然這一趟短暫的自由之路只有九三六天，卻已足夠爲台灣開闢了一條通往自由、民主、平等與捍衛主權的路，奠定了今日台灣的富裕、自由、文明的生活方式。

我爲此書摘選了二〇六則語錄，時間上從上個世紀一九七五年在綠島監獄寫下的散文〈孵豆芽的啟示〉，到這個世紀二〇二二年出版的回憶錄《軍法大審》，摘選的語錄除了編號〇三六至〇三九這四則之外，皆選自於施明德先生獄中的書寫，和晚年針對獄中歲月所書的回憶錄《死囚：一九六二—一九六四》和《軍法大審：一九八〇》二書，選句主題以施明德先生的逆境哲學爲主。

施明德先生留下龐大的著作、遺稿、筆記、檔案資料和新聞紀錄等等，未來將從中以不同主題繼續摘選語錄，分門別類陸續出版，敬請期待。我相信每一位與他同時代或不同時代的讀者，都能從施明德先生話語裡識得一個純粹、可愛、富有獨特魅力的人，亦能從其中汲取一種神秘的力量。

別離之後，人老是在孤單單的夜裡失眠，你第一次給我打電話的鈴聲不斷地響起……「請找陳嘉君。」「我是。」「我是施明德，你記得我嗎？」「噢」「……你知影我去美國國會作證嗎？我唸給妳聽，『……我只帶來信心……。』妳感覺怎麼樣？」我的右耳朵靠著聽筒，眼淚滑落在我手指捲著電話線的左手，哽咽不敢喘息。「我，我」「妳……」「我覺得……」

雨疏風驟愁煞人，此刻從懷德納圖書館的大窗望出去，校園裡楓葉著了火般橘紅，剛剛入門前我拾了一葉，打算夾入這本隨我飄洋過海的初版《我只帶來信心》書裡，盼著它能揹去我對你炙熱的思念。

二〇二四年十月十日 補述於深秋的哈佛大學

懸賞查緝

特徵：

招風耳、眉尾下垂、嘴寬

嘴角上揚、上下均為假牙

請注意：

嚴防化裝矇混

姓名：施明德（又名：許一文）

性別：男

年齡：民國30年1月15日生（卅九歲）

籍貫：高雄市

身高：一七八公分

案情：叛亂罪嫌

說明：

一、檢舉因而緝獲者，發密告獎金提高為新台幣壹佰萬元正，並對密告人絕對保密。

二、凡包庇或藏匿叛徒者，依懲治叛亂條例第四條第七款規定，處死刑、無期徒刑或十年以上有期徒刑。

三、檢舉電話（〇二）三一四—三四五六
（〇二）三一一—三四八六

1980 秋 火燒島監獄

1980 春 軍法大審

我並不奢望在這個世俗的「法庭」中求得一項公正的判決

——施明德

1980 火燒島監獄

語錄

001

舒適是令人愉悅的，卻最能腐蝕潛能。逆境是痛苦的，卻爲造就任何成就所必須。史學家湯恩比（Arnold Joseph Toynbee）在其巨著《歷史研究》（A Study of History）中，就曾反覆證明人類文明的成長，乃是「挑戰」與「回應」的結晶。挑戰，可以說是壓力、危機或逆境；回應，則是對挑戰竭智竭力所採取的應付方式。沒有挑戰，不會有回應，便沒有產生文明的機會或可能。不斷的挑戰，導致不休的回應，於是便構築起五彩繽紛奪目的文明。個人、民族似乎也和孵豆芽一樣，有他的成就脈絡。

更深人眠，從囚窗遠眺天宇，聽浪濤拍擊礁石，細細緬懷台灣四百年來的悲哀史實，細細咀嚼自己十餘年中血淚凝聚的遭遇，我突然不再沮喪，不再痛苦。

——〈孵豆芽的啟示〉火燒島 1975

囚禁只是一種失去空間換來時間的生活狀態。自由人的空間是廣闊的原則上是包括了人類所能活動的全部空間。自由人雖能享有遼闊的空間，卻不得不爲名、爲利、爲世俗雜務奔波，以致匆忙和時間不足便成爲現代自由人的共同感受。囚犯的空間固然是有限的、侷促的，有時甚至要孤單單的生活於一個小小的押房裡，相對的，卻能擁有更多的時間來研究或思想自己眞正喜愛的東西。這一點，是自由人很難享有的。我以爲時間和空間同樣都是人類領略生命的要件。自由人有遼闊的空間，卻失去了時間；囚犯失去了空間，卻換來了時間。囚犯和自由人最大的差異之一，便是擁有時間與空間的不同。

1978
——〈我的囚犯哲學〉高雄

003

◆

囚犯的環境總是被決定或被支配的。該往何處，該與何人相處，該接受什麼生活條件，都不是自己所能強求的。身處這種環境，假如處處仍以自我爲中心，時時放縱自己的慾望，要求環境順服自己的心願，便會給自己增添許多苦惱與哀愴，削弱自己的生機。如果有人認爲適應力是弱者的象徵，那是由於他只把適應力視爲生存的手段，而不了解它也是生存的本質之一。

1978
——〈我的囚犯哲學〉高雄

004

一個終身監禁的政治犯是不得假釋的，就像希臘神話中的薛西弗斯（Sisephus），必須每天、每年周而復始地推著同一個必定滾下的巨石上山。承受了這種命運，「絕望」便往往成爲隨身之影，揮之不去。一個囚犯如果任由「絕望」控制心靈，它就會腐蝕其意志，割傷其身軀，最後還墮落地廉售其操節。我了解「絕望」的可怖，我拒絕「絕望」的侵襲。我排斥「絕望」的方式不是採取唐·吉訶德式方式，我認爲自己面對的所謂「絕望」，只是在某些特定的人爲情勢或條件保持原狀下的結論。但是，人爲的情勢或條件絕不會永存不變。一旦它們有了改變，結論便會隨著改變。因此，我不把浮現在表層的結論視爲最後的結論，我重視的是隱藏在底層的情勢或條件，並深信它們終將推翻原有的「絕望」結論。

1978——〈我的囚犯哲學〉高雄

005

今天，也許已是我短短三十九年生命歷程中公開陳述的最後一次機會了。我似乎應該對自己做一次較完整的剖白了。但是，時間顯然不會允許我在這個場合完成一部自傳。我只能選擇解剖自己的心臟，而擱置其他器官。我必須做這次赤裸裸的「剖心」工作，絕不是企圖替自己脫「罪」。我的一生有罪、無罪？我的行爲是罪、非罪？我早已決定交給歷史法庭去裁決，完全不在乎這個世俗「法庭」如何發揮其世俗權力！我的自我剖心，固然是在替自己做一交代，但也可以使那些對我咆哮著「這個暴徒該殺」的人，在細聽我陳述後，不會後悔他自己已被權力集團所導演的宣傳聲浪所欺騙。當然，也可以使那些識與不識的關切者，更深入的檢討他自己是否對我做了錯誤的或不該有的關懷與支持。

1980——《施明德的政治遺囑》美麗島軍法大審第五號答辯狀——一個奉獻者的最後剖白

006

很多人在他一生中都經歷過某一次或某些次對他的人生特具意義或決定性作用的事情。這些事情不一定要有一個完整的劇情或一套周全的概念，它可能只是一小片段的情節或一點點小啟示。但是它卻會深印在他腦海中永生難忘，而且會影響乃至支配了他的一生。對我而言，那個空襲日早晨的種種，便是銘刻在我記憶中最早的事象或觀念，並且對我整個人生發揮了無比深遠的作用。我這樣說，並不是指在那個稚齡時代的上午，我便能很清晰又具體地決定了自己的人生方向。但是，當我學會了對自己做精細的自我檢查後，我不得不說那確是一個起點，一個極端重要的時刻。空襲的悽景，父親的話語，給了我啟示，幫助我整理了思路，協助我建立起自己最原始也最根本的信念——「我擁有雙重身分，兩項使命」：

我是個卑微的、被統治的台灣人，
我應獻身於解放台灣人民的工作。
我也是一個平等地位的世界公民，
我應致力於全人類的和平事業。

1980——《施明德的政治遺囑》美麗島軍法大審第五號答辯狀——一個奉獻者的最後剖白

我最早期的教育是宗教教育，天主教教育。虔誠的父親訓誡我們兄弟姊妹要「敬神愛人」。先父曾殷切盼望我會成爲一個神職人員。幼年時，我自己也曾有過這種憧憬。只是這個憧憬已隨著童年喪父早已消失了。但是，每當我重溫這個童年憧憬時，我很肯定地自知，果眞我實現了先父遺願成爲一個神職人員，我必定也會是個很積極的「入世神父」。因爲我一直認爲天主教（基督教）教義中的「敬神愛人」，「愛人」應重於「敬神」，至少也不能重敬神而輕愛人。何況，從力行上言，「敬神」往往只是一種誠意或虔敬的形式表達，「愛人」卻需要身體力行，有時還得有犧牲一己普渡衆生的決心和勇氣，對教徒們來說，「愛人」實在是一項較艱難和更具挑戰性的任務，我卻喜歡。

1980——《施明德的政治遺囑》美麗島軍法大審第五號答辯狀——一個奉獻者的最後剖白

008

自古以來，締造和平及發動戰爭的權力，一直只操縱在極少數「領袖人物」手中。但是，可能很少人想到反對戰爭的力量卻是每個人都擁有的，從採取各種積極的反戰行爲到消極地拒絕對好戰者或好戰論喝采，都能產生反戰作用。如果全人類中每一個平平凡凡的個人都能把反戰的力量加以發揮，就一定能使那支幻想以「一將功成萬骨枯」做犧牲品來成就其個人在歷史地位中的所謂「豐功偉業」的巨手，無法開啟戰爭的閘閥。反戰不拘形式，卻是導致和平或維護和平的另一種手段，而且是不分貴賤賢愚，人人都能做到的。這種觀念，終於使我成爲一個堅決的反戰份子。除了自衛戰之外，我反對一切戰爭，不管它被統治階級冠以任何動聽的理由。

1980——《施明德的政治遺囑》美麗島軍法大審第五號答辯狀——一個奉獻者的最後剖白

009

◆

兩年半前（一九七七），當我離開監牢時，我沒有了雙親，沒有家，沒有錢，沒有朋友，除了五位各已成家的兄妹外，這世界對我不屑一顧！但是孑然一身、「戶口牌釘在電火柱」的我，已非當年入獄時的「我」了。我腦中的信仰、理想更加堅定和具體了。我已擁有不義之徒掠奪不了的學識和更成熟的智慧了。尤其珍貴的是，我已在牢中研擬好如何實現理想的方法、步驟和全盤計劃了。這些計劃已不知被我在腦中以「沙盤作戰」方式演練過多少次了。今天我可以毫不後悔，毫不隱瞞地告訴大家，從我擔任「一九七八年全國黨外中央民意代表助選團」總幹事到「美麗島」總經理這段，必定會在台灣歷史上產生重大作用的任何行動，全是我在牢中便已大致擬就的！國民黨當權集團企圖毀滅我，史學大儒湯恩比（Toynbee）卻在我坐牢時諄諄「告誡」我：「挑戰是催生文明的必要條件；苦難是奉獻者應付的代價。」國民黨政權的暴虐迫害沒有毀掉我，不義「同志」們的惡行沒有吞噬我，反而把我鍾鍊成鋼！出獄後，我拒絕高薪的工作，寧願拿低薪去幹可以充分傾聽「社會心跳」的新聞記者；我再三婉拒幾位異國戀人「結婚並出國」的要求，決心留在台灣，就是決心要把我的理想與計劃付諸行動。

最後，我還要向從「助選團」到「美麗島」和我並肩奮鬥的海內外全體同仁，尤其是因爲「高雄事件」而蒙難的人士及其家屬，說幾句話。聖經上說：「一粒麥子不落地，它永遠只是一粒麥子。如果它落地死亡了，便會結十倍、百倍的麥子。」過去一年多來，我們在最險惡的環境下，冒險推動台灣民主運動，爲促進台灣的人權、自由、民主與兩岸和平而獻身，縱然因之殺身成仁，也算是死得其所，死得其時！讓我們都抬起頭，挺起胸。傲立而亡，比屈膝求活更尊嚴！讓我們給後繼者、給後代子孫一個榜樣！「美麗島精神萬歲！」

1980——《施明德的政治遺囑》美麗島軍法大審第五號答辯狀——一個奉獻者的最後剖白

為了台灣全體人民的幸福，也為了國民黨本身，我今天還要提醒國民黨當權派記取人類歷史中的一項珍貴教訓：「流亡政權流亡越久，重返故土的希望越小！」流亡政權應及早在新土地上落實生根，拋棄其舊意識、舊架構，力求適應新情勢，做長治久安的安排。用心和新土地上的人民凝聚結合為一體，培育起自己有根的新生機。徹底認同台灣，使自己台灣化。能這樣，才能自保長存。否則，不僅受其統治的人民深蒙其害，該流亡政權不是被其敵對政權追殺撲滅，便會在多數被統治者的反抗下被推翻。再不，也必會隨時間而萎亡！

史跡斑斑，願國民黨政權徹底變革，不要再自居為流亡政權！

012

斷頭臺是革命的發動機，
監獄是烈士的訓練場。

1980——《施明德的政治遺囑》美麗島軍法大審第五號答辯狀——一個奉獻者的最後剖白

我當然明白，部分狂熱的「台灣獨立運動者」和「反攻大陸的幻想者」都不會接受「中華民國模式的台灣獨立」方案。前者會認爲要用「台灣共和國」才名實相符，才「過癮」。後者會強調「只有反攻大陸」才有前途，才對得起「先總統蔣公」和「歷史」。一生中我已見過不少極左或極右的「狂熱份子」，發現他們都有一個共同特徵：「平時喊得比誰都大聲，吹得比誰都勇敢，一旦到了關鍵時期卻比誰都怕死！」時窮節乃見。我施某人從來沒有在大庭廣衆之前說過「大聲話」。但是，在推動「台灣民主運動」的過程中，尤其是「美麗島事件」發生以來，我的表現如何？這已是大家有目共睹和歷史將會給予評斷的。不必我自己做任何吹噓。

政治本來就是一種講究「妥協」的藝術。「理想」固然崇高動人，「現實」卻是冷酷又有力的。一味高唱「理想」會淪爲「空想主義者」。徹底屈服於「現實」會變成醜陋的「功利主義者」。理想是經，現實是緯。大政治家都知道如何使理想與現實在最合理之處交會。經與緯交叉才會成爲歷史的里程碑或座標。

1980——《施明德的政治遺囑》美麗島軍法大審第五號答辯狀——一個奉獻者的最後剖白

人類歷史的進展，儘管會以各種不同的方式和風貌出現，其目的卻只有一項：造福人類或人民。所有政治組合、經濟結構、社會體系、生態保護、文化素質和科技發展……等等，最後都是爲了要使人類在精神與物質上生活得更安全、更舒適、更尊嚴、更坦坦蕩蕩。如何使全人類或全體人民今天比昨天更美好，明天比今天更幸福，才是我們應該共同努力的方向。我們萬萬不能以犧牲這項目標去換取一個「中國沙文主義」的心願，更不能用這個心願去造就一個或少數幾個「歷史偉人」！

1980——《施明德的政治遺囑》美麗島軍法大審第五號答辯狀——一個奉獻者的最後剖白

015

各位，我已就我的基本心態和二十餘年來追求台灣人民的基本人權和兩岸和平的心願與做法，做了扼要的陳述了。就是這些信念和目標，使我犧牲了家庭幸福，獻出了個人的青春，在國民黨的「古拉格群島」中度過了十五年漫長、辛酸、無限艱苦的鐵窗生涯。

在那段悠悠的歲月中，無窮盡的黑夜，數不完的白晝，蹂躪著我，啃蝕著我。我彷彿被迫在一個巨型又無情的圓型跑道上奔走，周而復始，了無終點。我扮演了希臘神話薛西弗斯的角色。

當春天到來，百花競艷，我只能在夢中把自己化爲一隻彩蝶，飛奔於群花之中。當夏日炎炎，潺潺流水向我呼喚，高山林蔭對我招搖，我只能幻想自己正逍遙於「三溫暖」中，是蒸氣而非汗水在沐浴著我。中秋賞月，看楓葉胭紅，那是多麼奢侈的願望啊！每逢嚴寒降臨，我也許可以把冰涼的地板想像成如錦似繡的地毯，把污濁的囚牆、猙獰的鐵柵視爲雕樑畫棟，可是這些「良辰美景」誰來與我繾綣？

我何嘗不想與戀人親親依偎，共吟「在天願做比翼鳥，在地願爲連理枝」？

我何嘗不想承歡膝下，逗弄愛女，樂享天倫？

我何嘗不想與三、五好友把酒論天下？

我何嘗不想海闊天遼，四處翱遊？

誰願意忍受獄卒恣意的咆哮、羞侮？

誰喜歡吃那粗陋的囚飯，飲黃濁的水，夜夜與蚊子、蟑螂、臭蟲爲伍？

誰希望被刑求得遍體傷痕或疾病纏身時獨自呻吟？

誰知道獨囚在伸手不見五指的小囚牢中長達兩年是什麼滋味？

誰學會了和幾位瘋囚生活時，如何保持自己的平靜與清醒？

誰體會得到和二、三十位囚人，日夜擁擠在坐臥兩難的牢房中，是如何度日？

誰了解獲知家慈惡耗卻不准奔喪，眼睜睜地看著出獄的「同志、好友」設計奪去你的妻子、財產，卻無可奈何的心碎？

誰能眞正領悟在十幾年絕望的壓力下，要始終保持良知、信心，拒絕誘惑，還要潛心研究學問，需要多大的定力與內力？

我，和大家一樣，也有七情六慾。我卻必須壓抑慾望而不變態，忍受千辛萬苦而不心存怨懟，像苦行僧般的在牢獄中接受十五年——不是十五天或十五個月——形形色色的折磨、鍛鍊。只是我比苦行僧更苦。苦行僧是出世的，我卻是入世的。以入世的心境度出世的生涯，其艱其苦其難又豈是我的話語所能形容或傳達的？

我的兄妹常戲稱我是「歷盡滄桑一男人」。但是，這個歷盡滄桑，浩劫歸來的男人，並沒有在花花世界中迷失，也沒有在各種誘惑中墮落。苦難未曾污染了他的赤子之心。他依然堅持從那個空襲日早上便已開始萌芽的信念——爲台灣人民的基本人權及兩岸和平——奉獻一己。他當然了解，如果他不在國民黨政權「反攻大陸」大合唱聲中，停止發出人權與反戰的「噪音」，如果他不隨波逐流，營鑽私利，阿諛權貴，他就一定會再度站在世俗「法庭」的被告席上！

當年，蘇格拉底曾在背叛眞理或飲酖中做抉擇。他選擇了飲酖。當年，耶穌基督曾在終止宣揚「登山寶訓」或進入耶路撒冷被釘於十字架上做抉擇。他走進了耶路撒冷。

我很清楚，非常清楚，如果我不放棄我的信念，便只好走進國民黨的刑場或老死「古拉格群島」中。

我又來了。以坦然含笑的姿態，站在諸位的面前了。我早已做了抉擇。每個時代都有奉獻者。奉獻者總是扮演著悲劇的角色。奉獻者深知自己的旅程必是孤單、坎坷、悽慘和佈滿血淚的。奉獻者總是不爲他的時代所接受，反遭排斥、欺凌、羞辱、監禁和殺戮。但是，奉獻者所爬過的羊腸小徑，必會被後繼者踩成康莊大道。奉獻者的肉體也會腐朽，但是他的道德勇氣和擇善固執的奉獻精神，必會增益人類文明，與世長存。奉獻者不屬於今天，但是他會活在明天！

最後，我要重申奉獻者的一項共同信條，來結束我今天，也許也是我此生的「最後陳述」——

我並不奢望在這個世俗的「法庭」中求得一項公正的判決，但是我毫不懷疑地深信：總有一天，歷史法庭一定會還我公道！

再見！

1980——《施明德的政治遺囑》美麗島軍法大審第五號答辯狀——一個奉獻者的最後剖白

016

我甚至願意不自我掩飾地透露，我常常會爲這些關切感動得在獨囚房中淚流滿臉！我幾乎從未因爲受到邪惡的壓迫而飲泣，卻易於因領受愛心而涕零不已。我相信愛比惡對人心更具震撼力。

——〈蒙難二十週年感言〉火燒島述於禁食期中
1983

017

◆

大家的關切雖然使我如此的感動與感激，我卻不希望大家對我一生的苦難心存憐憫。任何奉獻者都極清醒地預知自己眼前的道路是一條何等坎坷的血淚之路。我很清楚，即使是在第一次蒙難前就相當清楚，如果不背棄眞理，拋棄理想，放棄關切全人類以及國家和人民的公益，我必會得到什麼待遇。一個不自求多福，不肯逃避危險，不力圖脫卸苦難的人，是不配與不能接受大家的憐憫的。這種憐憫，有時反會污染了奉獻者聖潔的靈魂，使他產生了不當有的報酬感。奉獻者是應該從執著於信仰的付出中感受快慰，而非從外界的掌聲、歡呼或哀悼聲中領略滿足的喜悅。求仁得仁者，自有其給予自己快慰、喜悅和勇氣的神祕裝置，並不待外求或外援。

1983

——〈蒙難二十週年感言〉火燒島述於禁食期中

018

◆

我們這些受難者的坐牢，不是意味著我們已從我們的工作崗位上退隱了，更不是一種只會博人眼淚的苦難狀態而已，而是我們已被迫移轉到另一個更尖銳的陣地上，以另一種更有效的形式——以受苦受難做武器，繼續向獨裁政權爭人權，爭民主，並向世人展示獨裁政權的罪惡性與蠻橫性。

1983——〈蒙難二十週年感言〉火燒島述於禁食期中

019

「美麗島事件」，沒有進攻蔣家政權的任何建築物，沒有殺死它的任何一名軍警，也沒有打亂它的統治系統，但是，她卻把蔣家政權三十幾年處心積慮建立起來並不擇手段加以維護的「反攻大陸思想體系」炸開了一個大洞。一夕之間，台灣人民從思想冬眠中醒來，開始知道應該自己思想並掙扎著要自己做決定，不要像以往那樣任由蔣家政權來替我們思想，來替我們做決定了。以往許多只有到了國外才會想起或只流傳在國內外少數知識份子之中的觀念和信念，也從此爲國內平平凡凡的台灣人民所關心、所討論了。台灣人民終於從思想枷鎖中解放了，他們不但開始思考「台灣何處去？」這個嚴肅的主題，也會考量其他問題了。蔣家政權永遠無法再像從前那樣把台灣人民的思想封閉起來了。我認爲這就是「美麗島事件」的最偉大貢獻之一。

——〈蒙難二十週年感言〉火燒島述於禁食期中

1983

今天我要敬告台灣人民的是，不要因改革步幅的緩慢而急躁，更不要因爲慘遭迫害、凌辱而興起「以牙還牙」或「武力解決」的念頭。民主運動的道路不管何等崎嶇難行，她終究是會通到成功、勝利的終點的。對此，我們不但要有信心，更要有耐心！

我一生始終相信「目的不能美化手段」。我們不能自信自己所追求的是一項絕對崇高、神聖的理想或目標，就自以爲可以不擇手段地去完成它。邪惡的手段，畢竟是邪惡的，絕不可能因其目的高貴而被美化的。

我們既不承認蔣家幫的統治權力是根源「君權神授」，而可以拒絕還政於民，同樣地，我們就不能主張自己有不擇手段「替天行道」的特權。

改革者或解放者的最大利器，不是刀槍、大砲，而是擇善固執，勇於步上監獄階梯和斷頭臺的精神。烈士之血，改革之花。形容枯槁的囚軀，往往就是人民頂禮膜拜的活佛。改革者應有決心：「寧可被關、被殺，也不要向統治者投擲炸彈」。只有心存畏懼、愧疚的弱者，才會動刀、動槍，才會囚人身體，取人首級。改革者不是弱者、懦夫。願我全體不願屈服於獨裁統治的台灣人民束手引頸任由統治者施展它的監獄和斷頭臺來對付我們吧！但是永遠不要忘記：應該勇敢地把我們的心聲表達出來！

1983——〈蒙難二十週年感言〉火燒島述於禁食期中

很多人的一生，都經過悲歡離合，生和死則是每一個人或每種生物必經的現象。對這些，我們怎麼面對它，很重要。你知道，我的一生並不是愉快的一生。生離死別，悲歡離合和多種苦難，我也曾經承受過。直到今天，我所以還能尊嚴的活著，不是因爲我比別人堅強，才能背負一切壓力，更不是我麻木到已對七情六慾失去了知覺。我想，最主要的是，我心中有上帝、有信仰、有理想，也明白爲了堅持這些信念，必須支付代價。所以，我才能把苦難當作磨練，把淚水化爲甘霖，甚至對肉身的「死亡」，我也承認那必是一種對上帝、對公義的效忠，或者是實踐信仰、理想，堅持眞理的一種方式。不是結束，而是另一個新階段的開始。對死亡，我一向有比較羅曼蒂克的想法。我不能確知「死」後會如何？但是，如果我們都把死亡視爲一種不幸，那麼每個人，包括帝王、將相、富人、窮人、智者、愚者，最後不是都要以悲劇結束嗎？如果抱持這樣的人生觀，人生便只是「一段奔向悲劇的掙扎」。這樣的人生觀，太灰暗、太消極，更不符合一個基督徒的信念，基督徒深信萬事萬物都有主宰。生與死，快樂與痛苦，都有上帝的旨意在運作。

1989／12／29——〈念保羅〉

022

千萬年來，人類怕死，對「死亡」的畏懼、逃避，不但使暴政得以橫行，也使得人類永遠擺不脫以「悲劇」結束的宿命論。我想，基督徒，不，每一個人，如果不對「死亡」的看法有革命性的改變，人就永遠是悲劇性的動物。基督徒深信，上帝創造一切，主宰一切，也毫不懷疑上帝所做的一切安排，都有祂的旨意在。生，有意義；死，也有意義。耶穌以被釘於十字架，死而復活，向世人見證；死亡不是結束，只是一種現象，或像一把「鑰匙」，是打開另一扇新門的工具。人只有經歷「死亡」這種現象，才能換來開啟新門的「鑰匙」。

1989／12／29——〈念保羅〉

023

◆

人生需要一點想像力，對靈魂，

尤其需要「活」著的人發揮想像力。

1989／12／29——〈念保羅〉

024

◆

沒有光，植物很難生存下去；沒有光，人會活得不像人。我是個長年見不到光的人，一生被囚禁二十四年半，將近四分之一世紀了。我還能清醒地、昂然地活著，也許是我能從各種事或物中尋獲或發現「光源」。

——《囚室之春》絕食中書寫於三軍總醫院囚室 1989

025

坐牢，常常得靠追憶往事來確定自己曾經「活過」。但，回憶也像兩刃刀，解剖了「過去」，也把「現在」割得鮮血淋淋。

1989——《囚室之春》絕食中書寫於三軍總醫院囚室

在我快屆滿四分之一世紀的兩次囚禁歲月中，我被獨囚的時間已長達十三年多。但是，不管是囚於擁擠的牢房或獨囚，台灣的政治犯都得長期暴露在孤獨、疏離感、恐懼及被監視的壓力下。有的人也許會認為，既然囚禁在擁擠的牢房內，怎麼會孤獨？哪來疏離感？身歷其境的人都會曉得，那樣的生活狀況，人格與人性非常容易地在不知不覺中被扭曲了，能保持理性和別人做正常溝通的，是絕對的少數。客觀的環境，使政治犯不得不把自己的肉身變成一座城堡，並幽禁了自己的心靈。

1989——《囚室之春》絕食中書寫於三軍總醫院囚室

027

許多人看《基督山恩仇記》，也許對基督山伯爵在黑牢中的衣不蔽體，和粗陋牢飯，深感憐憫，但我非常了解他最感到痛苦的是什麼。以前的蘇武，現在的索忍尼辛、沙卡諾夫，一樣可以曬到太陽，可以仰臥月光之下，聽風輕輕唱歌，讓細雨洗滌煩愁；這些微不足道的小事，都是基督山伯爵和我夢寐難求的。我知道粗陋的牢飯是什麼滋味，我也有過半飽半餓的經驗，我更體驗長期絕食，在體重減少了十七公斤後，仍可靠意志力使自己沒有饑餓感。但我卻必須運用更多的智慧，發展一套「囚犯哲學」，來維持心態的正常和平衡。

1989 ——《囚室之春》絕食中書寫於三軍總醫院囚室

堅定的信仰、信守原則，堅韌的毅力和堅實的意志力，在許多人心中都認爲是值得培養或稱許的特質或品質。但是，我常常會因爲擁有這些，而不曉得是應該感謝神或埋怨神。如果上帝不賜給我這些特質，我不會過這樣的一生，也不值得當權集團如此囚禁我。第一次出獄後，我結識了幾位外國女孩，可以結婚出國，但是我選擇留下來。我也淸楚，留下來早晚一定又會被抓來坐牢的。現在，美麗島事件又快滿十年了，其他美麗島受難人也全出獄了，只剩下我仍在這裡和不公不義抗爭。如果我能像盆栽那樣快速萎亡，對我個人是種解脫。我知道我自己無力恢復正義，我只能做到不屈不服，拒絕和不義妥協。

1989——《囚室之春》絕食中書寫於三軍總醫院囚室

029

歷盡滄桑之後，我很明白什麼叫「慷慨成仁易，從容就義難」。

現在，我像塊麻糬，軟中帶韌。我可以被捶扁、輾平、搾壓而不碎裂；當壓力消退，我又能把自己搓揉恢復原形、原質。最軟的，也許也就是最堅韌的。

1989——《囚室之春》絕食中書寫於三軍總醫院囚室

這盆俊拔的鐵樹，大概是錫安山上最好的，所以它被選中，來陪伴我。我不敢保證它會一直生長下去，但是它至少有我的愛和關懷與它同在。比較起來，我比這鐵樹還不如，我已淪爲「台灣孤兒」、「台灣棄兒」了。Linda是美國人，不能「代夫出征」，十年來甚至返台探監都不准了。現在大家在關切的「黑名單」，也沒有人把她放進去。我不是民進黨人，不屬於「美麗島系」，不屬於「新潮流系」，更不屬於「超派系」；家族中也沒有公職人員。我什麼也不是，只是一名被遺忘的欽囚，孤零零地，無援無助地，只有任由當權集團宰割。也許，我註定只能陶醉在I was alone, but not lonely.（我孤單卻不寂寞）這句諺語裡。但是，有時我也會狂傲地說：自古英雄多寂寞！一個人必須如此自我詮釋，自我解嘲，雖壯，實悲！我好想挽著妻子，牽著孩子，徜徉在落日餘暉的海灘或林蔭小徑之中……。

——《囚室之春》絕食中書寫於三軍總醫院囚室 1989

一個人如果破囚禁五年、十年，乃至十五年，他是可以把牢中的所讀、所思、所寫貢獻給社會；但是，如果被囚禁了四分之一世紀，對他個人或社會就可能都沒有意義了，因爲一個人沒有幾個四分之一世紀的生命。所以，我不但了解大仲馬筆下的基督山伯爵，也很能領會南非的黑人領袖曼德拉的感受。曼德拉拒絕以妥協做條件換取「自由」，因爲在被囚禁二十六年以後，「堅守原則」已成爲曼德拉唯一的擁有和最愛了。曼德拉不願放棄原則，因爲一旦放棄了，他便一無所有，一文不值了。南非白人政權不釋放他，不是怕垂垂老矣的曼德拉還有能力危害其政權，而是不能忍受和曼德拉相比之下，所有政治大人物都淪爲逐權爭位的蛆或小丑而已！

——1989《囚室之春》絕食中書寫於三軍總醫院囚室

032

藉著這些盆栽所構築的「林相」或「庭景」，我能更具體地回到這些過去，或者把過去拉了回來。囚人沒有現在，未來也常呈飄渺，如果再沒有「過去」，就更可悲了。回憶和夢一樣，算不算是一種「生活」，我一向都做從寬解釋。像我這樣，兩次都被遙遙無期長囚著的人，如果不做從寬解釋，我的生命或年齡就要結結實實地被削減了二十五年，而上帝又未必會多給我另一個二十五年。即使給了，那也是另一種風貌了。

對生活或生命，我總不得不有異於常人的詮釋。

1989——《囚室之春》絕食中書寫於三軍總醫院囚室

033

◆

正像十年前在「美麗島事件軍法大審」時，我不能在國內外衆多鏡頭和記者群的注目下，丟了台灣人的尊嚴。今天我依然笑傲當權集團，有如昔日！我不能也不想在議會或街頭活躍了；但，我可以在當權集團的大牢中，展示「威武不能屈，富貴不能淫」的心志！我不必吶喊了。沉默，往往會成爲歷史的聲音。

我堅信歷史會還我公道！

我堅信上帝會懲惡揚善！

1989

——《囚室之春》絕食中書寫於三軍總醫院囚室

我的「小植物園」全面瓦解了，我的「囚室之春」也只存在於我的心靈之中了。我又面對了一些沒有生命的人造花世界了。偶而，探監的人士會送來一束或一盆鮮花，我偶而也會在有人來探監時，事先端一盆盆栽進來點綴。平時，我的囚室已不再有生命了。

拿走鐵樹後，我曾努力想過，爲什麼連鐵樹都熬不過三個月的地方，我卻能活了二十五年之久了。

我不能確切的明白，我只能盡量思索。

我想聖經上的記載：「人活著不是單靠食物，乃是靠神口裡所出的一切話。」（馬太福音第四章第四節）。這段經文的前半段，很容易懂。對盆栽和對我而言，「食物」指的是什麼，不必解釋。後半句「神口裡所說的話」，指的應是什麼呢？

我思索又思索。最後，我想同時能適用於盆栽和我的「神口裡所說的話」，指的應是「光」吧。聖經有不少地方提到光。「詩篇」第一一九篇第一〇五節：「祢話是我腳前的燈，是我路上的光」。不錯，光是生命誕生和延續所不可缺少的。沒有光，徒有水、養份和泥土，盆栽終究還是會萎亡淪爲「鐘樓怪人」。我被囚禁了四分之一的世紀，還能尊嚴的存在，甚至還能被人說「不像個囚人」，也因爲我心中有「光」！

——《囚室之春》絕食中書寫於三軍總醫院囚室 1989

但是，我的生命仍只是尊嚴而已。如果我宣稱，我活得很愉悅、很輕鬆，我就是僞君子。歷經苦難後，我常說：「承受苦難易，抗拒誘惑難。」苦難，多源自於天災人禍，當事人常常別無選擇，而爲了求生存只得咬緊牙關承受它。誘惑，不管是權勢、名利、美色，愛情或自由，當事人常常還有取捨的餘地。唯其取捨之間，仍有自由意志迴旋的空間。二十幾年前第一次被捕，我可以完全歸之於暴政。但第二次坐牢，我已是「明知山有虎，偏向虎山行」了。當年，我有幾次機會和洋妞結婚、出國、深造、拿綠卡，我全割捨了。記得Backy返美前，在關仔嶺、在青草湖傍，都一再勸我：「你可以出國唸書，我願意負擔一切費用。你可以等恐怖政策結束，等C.C.K.（蔣經國）死後才回來。爲什麼你要冒這這麼大的險留在台灣？」沒有別的，只因爲我生在台灣，我是台灣人，不是白種人。「美麗島事件軍法大審」時，那位女書記曾在簽筆錄時對我說：「施大先生，在這種時候了，你爲什麼還要說那麼多激怒當局的話？還那麼講道義？」沒有別的，只因爲我愛眞理；沒有別的，只因爲我必須對長官盡忠，對同事盡義，對部屬盡愛。這幾年來，我本可以僞裝「悔改」，保持低姿勢，「一切等出了獄再說」，不必像苦行僧那樣長期絕食，自苦又惹當權者惱火。沒有別的，只因爲我必須對歷史負責！我不必承受了苦難而驕人，我以能抗拒誘惑自傲！

——《囚室之春》絕食中書寫於三軍總醫院囚室

1989

036

忍耐是不夠的，必須寬恕。

1990／5／21

——施明德終獲無罪釋放的感言

037

◆

當權者沒有要求被害者放棄悲情的權利；受難者卻有一種高貴的義務必須執行，那就是點燃寬恕之火！

1998／12／10——綠島「人權紀念碑」破土典禮施明德致詞文

同款的雨，淋著不同的人；同款的風，吹著不同的運命。今天我們站在這個曾經流過淚的地方，我們站在這裡面對無邊無際的大洋，我們不是要來咒罵過去的當權者；我們站在這裡應該是要來進行一次內心深度的反省，面對未來我們應該做一次莊嚴的宣示。

……

邁向新的世紀，我們要揮別過去因戰爭而起的仇恨以及科學所帶來的傲慢，我們必須帶著包容、寬恕和關懷走向未來，我們的希望才會成功！

1998／12／10——綠島「人權紀念碑」破土典禮施明德致詞文

039

◆

寬恕是結束苦痛最美麗的句點。

1999／12／10——美麗島事件二十週年紀念

040

命運硬生生地把我拋擲進這無止境的苦難裡煎熬，抱怨已無用武之地，要不了多久我便了然於心，人在這與世隔絕任鬼宰割的地獄裡，若隨意放任內心的恐懼肆虐蔓延轉變成一股原始的求活的慾望，慾望就會像一匹受驚的野馬般在無盡的曠野裡亂竄，一發不可遏止，只是更加誘使敵人發動猛烈的羞辱；但人若沉著地抱著必死的決心，也許，也許還能擁有一絲絲誰也奪不走的尊嚴。

2018

——《死囚》

041

◆

信念絕對是一種奧秘，一種超現實的神秘力量，一雙詩意的翅膀，種在我遍體鱗傷的背上，帶著我從難堪的現實起飛，飛越痛苦的岩山，跨過淒涼的荒漠，逃離悲慘的廢墟，抵達童年有媽媽作伴的那個防空洞。我感覺有人溫柔地對我誦著一符有魔力羽翼的咒語：「你有過往的聖賢與死去的英雄作伴，你不孤單，你不屬於今天，但你會活在明天。」奇怪地，我一生就如此飛越過三次死劫的險峰。

2018

——《死囚》

嚴肅地回頭想想，否認屠殺或否認反抗，這兩類人其實是同一種人的一體兩面，在眞相面前都是不折不扣的懦夫，只想輕鬆地看見一半的眞相，一半的事實，只敢說一半的話，編一半的故事。雖然他們兩邊各自的徒子徒孫現在都還在爲各自捍衛自己那一半的所謂正義與利益，繼續廝殺。但仔細觀察其實都是一些假動作，他們不是在殺敵，只是想閃躲自己不敢面對眞相時的僞裝與尷尬所造成的不自主地痙攣。屠殺總找得到千百個理由，一如屈服也找得到千百種藉口。

2018

——《死囚》〈一罐牢酒〉

043

平庸地活著，平庸地死去不會是我。對於被捕，我一點都不意外，只是不知道什麼時候而已；如果有遺憾，就是自覺不是在革命行動中陣亡。對於死亡我心意已定，但是這個時候的「心意已定」是帶著浪漫和虛幻的成分居多，自己還不是眞正覺得有被判處死刑的可能。這是特務統治厲害的地方，他們在羅織你的罪證時即使已達到必死無疑的死刑程度，他們也有辦法讓你覺得仍有很大的生機，否則你就不可能配合簽下死刑的所謂自白或供詞。絕大多數的死囚都是到了看守所被起訴了才驚覺完了受騙了，但爲時已晚。

2018——《死囚》〈一罐牢酒〉

晚課，晚課的話題是非常豐富和自由的。這是牢中最有智慧和活力的時候。

到這裡，我的人生才第一次發現人可以這樣自由的表達自己的思想和言論，也才第一次發現享受言論自由思想自由是何等的快意與幸福！政治監獄竟然是台灣言論最自由的地方，以前只敢和少數幾個知心好友在密室、在曠野才敢說的話，在這裡都可以自由討論，自由發表了。各種知識、觀點都可以在此交流著……。

2018——《死囚》〈一罐牢酒〉

045

我發現這些外省反抗軍官對兩岸的未來，雖然不是用台灣獨立這種詞彙，但大多傾向兩個中國或分立的態度，就國際法觀點和台灣獨立只是用詞差異而已。本質上都是要切斷台灣和本地區列強的臍帶，能決定自己的命運。追求台灣主權獨立本來就不是台灣人的專利。影響美國獨立思想大有貢獻的人是三十幾歲才移民美洲的英國人湯瑪斯．潘恩寫的《常識》，包括華盛頓將軍都是因爲讀了這本只有五十頁的小書才改變思想贊成美國獨立的。我從年輕時代就是一個珍視本質重於外形的人。我了解處世態度和社會運動的心態應該是「畫個圈圈有你在內」，而不是「畫個圈圈把你排外」。我心中只有反抗者與壓迫者之分，沒有省籍之別。國家和家庭一樣最終是要團結而非彼此仇恨對立。

2018——《死囚》〈一罐牢酒〉

046

台灣人被外來統治三、四百年，不折不扣是個苦難民族，但在我們苦難的歷史長河裡，反抗與戰鬥卻是零星的、斷裂的、無痕的，不僅沒有形成民族性甚至還是必須被刻意遺忘的禁忌。代代活下來的人多是投降主義者、懦夫、出賣求榮者，生存不容易啊。台灣人就像長期被外來統治的民族一樣，形成了一種媚外的心態，代代相傳的家教中缺乏人格教育，不重視尊嚴，尤其沒有榮譽心。聰明的台灣人大都認爲只要能依附在任何統治者之下掙來錢與權才算光宗耀祖，其他的信仰、理想、原則和眞理都不是台灣人珍視的。這時尷尬不識實務的反抗英雄不僅不被歌頌反而總是被蓄意抹棄，彷彿沒有他們的存在餘地，還常常會被族人斥爲「背骨」，妨礙了族人的苟且偷生。懦夫們爲了掩飾自己的軟弱還常常捏造事實醜化英雄的形象，因爲少數英雄的事蹟就會襯托出多數凡人、投降者的不堪身影。英雄在歷史上永遠是極端的例外和少數。問問台灣人：你能說出台灣歷史中誰是英雄？答案會很一致：沒有。拿破崙說：「僕人眼中沒有英雄。」台灣俗諺說：「近廟欺神。」一直到今天台灣人只膜拜外來統治者的神、烈士和英雄，從拜日本神社到參拜忠烈祠，全都是征服者史觀的英雄神明。

2018——《死囚》〈一罐牢酒〉

047

自由永遠是反抗者的戰利品，
絕對不是統治者的恩賜物。

2018
——《死囚》〈一罐牢酒〉

只要有人推崇了某些眞正的反抗英雄人物，運動參與者中的投機懦夫份子就會紛紛咆哮「不要搞造神運動」。深刻的分析，這種論調是最符合統治者的利益的。是誰最怕反抗英雄？當然是統治者。什麼樣的人物才敢冒死反抗統治者和壓迫者？當然是英雄人物。有人敢於犧牲生命英勇反抗，被壓迫人民就會群起追隨。眞正危險的反抗運動中，怎麼可能沒有偉大的英雄冒死起而領導而能成功的、持續的？歌頌這些英雄是在鼓舞士氣，醜化反抗英雄絕對有利於統治者。催化這種論點的人，如果不是無知的懦夫，就是有內奸的嫌疑。獨裁恐怖統治時代，反抗陣營中不可能會沒有統治者臥底的內奸。台灣苦難歷史裡眞正的英雄，就這樣都被溺斃在平庸的懦夫和統治者的內奸的唾液裡。而當危險過去了，民主化了，世俗化了，台灣社會反而奇怪地三不五時就會誕生一個又一個的「神」和「英雄」。在懦弱的民族裡，沒有危險的時候才反而是「英雄」和「神」出沒的時代。人類歷史上這種例子屢見不鮮。

——《死囚》〈一罐牢酒〉2018

049

傲氣與傲骨貫穿了我的一生，可能令人佩服也令人嫌惡。我從來沒有忘記我是族人中懦夫們的公敵。懦夫及懦夫的後代總是熱衷作踐族人中的英豪，因爲英豪們的形象會映照出他們不堪的身影。

2018

——《死囚》〈一罐牢酒〉

050

平庸的正常人哪能體會苦命又無力的受難者在絕望的蹂躪下不斷地製造希望是多麼重要的求生反應。那是奮鬥旅途絕對不可缺少的心路歷程，一個希望幻滅了，必須自己立刻再製造一個。要知道酷刑、淩遲哪能跟絕望這隻怪獸相比？當絕望牢牢擄獲你時，平時人模人樣的你很輕易地就任智慧流失，自動放棄人格，連膽識與尊嚴也消逝得無影無蹤，於是自甘墮落、自毀，做出各種讓人無法理解的荒唐事。

2018——《死囚》〈一罐牢酒〉

051

政治犯的煉獄就是絕望盯著你看，無時無刻想啃噬著你。

2018

《死囚》〈一罐牢酒〉

052

囚人，最知道人類有回憶這種功能是何等珍貴！帝王將相，富豪只要淪爲囚徒，權力、地位、財富、親人、戀人都棄你而去，孤零零的，只有回憶是你唯一還能擁有的誰也奪不走的珍貴資產，陪你孤獨，伴你在恐懼中產生力量，讓你時時刻刻可以神遊天外，回到美好過去。囚人最知道，要在牢中享受美好回憶，就要在人生的每個時刻鑄造美好的行徑；沒有美好行徑的人，回憶也不會美，回憶只剩懊悔，不會溫馨，不能撫慰悲愴囚人生涯。

2018——《死囚》〈一個秘密〉

053

這是多麼震撼的大事！政治犯能逃當然就要逃，尤其是死囚。求生是最強烈的本能，也是最強悍的正義。什麼男子漢敢做敢當，要槍斃就槍斃，都是一些屁人說的屁話！會說這類大話的人一定都是不入流的人，都是懦夫；眞正勇敢的人都不願炫勇，因爲只有眞正有生命危險時才需要勇氣。

2018——《死囚》〈一個秘密〉

054

◆

秘密像酵素般，不斷在體內發酵，這種發酵體的功能會讓擁有者產生非宣洩不可的驅策力，就像釀酒的原理般會不斷產生發酵體，不揭開蓋子宣洩它就會把塑膠罐子炸開。秘密越重要，驅策力越強。這就是秘密爲什麼難以保守的原因：有秘密者想告訴親信者；接受秘密者又會在壓力下，想宣洩給他的信任者分享。秘密就這樣不再是秘密了。

2018——《死囚》〈一個秘密〉

055

不向命運屈服，即使是徒勞無功的掙扎，也必須掙扎。這是人！這種掙扎是反抗意志的展示，是對生命的禮敬。

2018

——《死囚》〈一個秘密〉

056

◆

囚禁，讓我培養出三類對話方式。

一種是沉思，那是閱讀後，沒有討論對象時的思想活動，它用在邏輯的思辨及事理的分析。它是屬於知識的範疇。

另一種是自我對話，大多是在反省和自我批評中發生。自己找出破綻挑戰自己，質疑自己。

第三種是最強烈的爭辯，已經不是對人，而是對天、對神，是價值對價值，公義對公義的爭辯。

《死囚》〈一條血褲〉

2018

057

這一夜我跟耶穌狠狠爭吵，措辭強烈尖銳……。
我已不在乎會上天堂或下地獄。囚夜，從來不寧靜，沉默中有多少
心聲在枕被中蕩漾……。

2018
——《死囚》〈一條血褲〉

058

◆

絕望是生命最殘忍的殺手，它幾乎無堅不摧。一個被絕望纏住的人，會失去理想，勇氣會流光，智慧會失蹤，有品的人會下流，上進的人會墮落。拒絕絕望是死囚、是絕境者昇華的唯一生路。墮落的人，往往不是被敵手擊倒，而是讓自己的絕望摧毀了自己。

希望之火，永遠必須自燃。

2018

——《死囚》〈一把竹筷〉

夜，囚人入眠後，也許也是他最甜美的時刻，讓往事戀情、美事重回腦海。人，最珍貴，不毀、不朽的資產，絕對不是家財萬貫，不是豪宅，不是黃金、股票、紙鈔、權勢，它們在你淪爲囚人時，一切都已遠逝，無法享用。這時，人才會領會到美好往事是你唯一的財富。只有美好往事，你在如此孤獨的死亡邊緣，才能不離不棄，隨時聽你差遣，重回你的生命中。韓若春先生已致意過幾次，如果睡在我身旁的他，突然有了大動作，提醒我，請我體諒。他暗示，那是他和心愛的妻子神交的時刻⋯⋯。

2018——《死囚》〈一把竹筷〉

060

囚禁強迫你脫離庸俗，給你一個心靈的新世界。失去了空間的苦難，更讓人緊抱僅有的時間。坐牢沒有書可讀是極殘酷的懲罰，它必然影響囚人的知識外更會摧殘其心智和精神狀態。……不只我在努力讀書連死囚也一樣，他們除了念聖經、金剛經之外也都認眞讀有深度的書。即使明天要走上刑場，今天仍得努力求知。年輕時念到「朝聞道，夕死可矣。」總會覺得不太能相信。在這裡和死囚們相處，才眞正發現世間眞的有人如此。不管是被迫也好，主動也好，死囚們常常這樣。開始時還有點懷疑，拿他們看的書主動和他們討論，才發現知道他們不是做做樣子的，心中不由產生些許自責。

2018

——《死囚》〈一把竹筷〉

061

美食常會在當下攫住享用者的注意力，囚人必須學會集中於某個焦點，以免悲喜交加，讓淚滴入食物中。這類鏡頭，囚人生涯中是常有的。

——《死囚》〈一把竹筷〉2018

062

呵護易碎的權力，光靠恐懼延伸出來的聯想就可以殺人了。懦弱的多數一直都爲一己之私而活著，無論在什麼時代。反抗者除了歷史之外，什麼也不配擁有。

——《死囚》〈一副假牙〉2018

063

審問已連續超過四十多小時，吃飯也沒有離開這個房間。特務的焦點最後集中在我有什麼背景，誰是我的大老闆？其他的問題，特務都已掌控，他們完全不相信我們這些年輕軍官和學生，有能力提出「台灣復國運動」：恢復一八九五年的「台灣民主國」，而不是台灣人在海外宣傳的「台灣獨立運動」，和歐洲進步人士正在討論、推動歐洲經濟共同體以及歐洲同盟的亞洲經濟共同體的「亞細亞同盟」的主張，以解決台灣未來的政經困境。保安處的特務頭子完全不相信我成熟到能思考國家整體前途並提出類似歐盟的主張，而且爲了武裝革命還願意付諸行動眞

的投入軍校。特務一定要逼出幕後的主使者。我被認定是和主使者最具
關鍵的線頭。

2018——《死囚》〈一副假牙〉

064

被捕初期，特務的偵訊術和囚禁情境產生了作用，讓我也配合地低聲下氣寫出自辱的自白書、口供企圖減輕刑責，幻想脫罪。我敍述台灣人的歷史悲情，目的也是在爭取同情。我以爲只要是人就會體會殖民地人民的痛苦心聲，雖然他們都是外來的統治集團的成員。事實上他們聽我訴說時，好像還蠻同情台灣人的命運似的。但這一刻，就是這一刻，我的敵我意識才被激發了！他們和我是不同國的！他們是統治者！是壓迫者！是敵人！是眞正邪惡的外來統治集團！但是，人在屋簷下此時我仍必須奸詐地僞裝軟弱輸誠應付以求生！我告訴自己這就是殘酷的政治鬥爭，必須不擇手段。

刑求對反抗者不見得是壞事，它給反抗者正當性。它會製造恨意並凝聚成一股包含敵意的意志。它能擊碎反抗者殘存的不切實際的幻想，使反抗者徹底清醒，認清雙方就是敵我關係的事實。它常常能在你軟弱，你猶豫，你動搖時給你力量，給你決意，給你信心，給你正義的力量，讓你堅強地戰鬥下去，不屈不服。刑求讓妥協的空間完全消逝，消滅蔣家政權成爲一生的使命。製造仇恨是強者愚蠢的慣犯的輕佻。

兩個特務不顧我已吐了滿地血和飛出七、八顆牙齒，仍繼續踢打。

2018——《死囚》〈一副假牙〉

065

痛徹心扉或痛苦的肉體折磨，一次就能叫人永生難忘，激起無盡恨意。每次回憶就是再一次凌遲，每次回憶那恨所織成的網，就會一次又一次的封纏受難者的心，漸漸地形成一個牢不可攻的恨的心牢，終於讓受難者自囚其中，得不到解放。無形的心牢比眞正的牢房恐怖，它會糾纏受難者生生世世。得到上天恩寵的人都懂得不能讓恨織成心牢，那會讓自己成爲可憐的自囚者，永遠得不到解放。

但是刑求對我來說卻是一種珍貴的革命養成教育。一個革命者即使被革命團體如何正面教育或自我教育建立起革命思想和核心價值後，一旦被捕，在孤立狀態又被特務洗腦、威脅、利誘下，革命者也會動搖心志，懷疑自己的選擇是否正確、值得？這種動搖或懷疑如果對手又以懷柔手段對付，革命者就很可能全面瓦解崩潰，放棄自我投向對方，至少也可能配合對方做出不智的抉擇和供述。刑求對革命者所以珍貴，就在於它像當頭棒喝般能夠立卽又強力證明對方是邪惡的，提醒你的敵我意識也證實你造反有理，而不只是產生恨意而已。

我很幸運在我很年輕的歲月，就受過如此完整的高級的革命養成教育。

今夜我很自然地又回憶起往事，那恨的獠牙再次啃蝕我，像過去的很多夜晚，我感覺那恨的網膜正逐漸在封牢我心，我應該牢記刑求的正面教育但不應該讓它形成心牢。我自覺地要求自己：

閉起你的眼，你還有數不盡的夜晚將在這裡度過，你不能成為心牢的自囚者……。此時你還必須智慧地求活，若讓邪惡統治者獲勝，你就是在刺殺上帝，背棄公義。

——《死囚》〈一副假牙〉

2018

066

希望是種藥，回春之藥。

2018——《死囚》〈一副假牙〉

067

死裡逃生的喜悅，
真的是人生最大的喜悅。

2018
——
《死囚》〈一副假牙〉

068

自古以來，成就一個獨裁者絕不是靠獨裁者一己之力，除了那麼一小撮幫凶們，就是仰賴著一群充滿奴性、貪婪、懦弱和爲一己之私而屈服於掌權者鐵蹄之下或心存討好掌權者的人民所豢養。常常在事過境遷之後，批判可惡可恨的獨裁者容易得到掌聲，批判檢討那一大群屈服的自私鬼，可不是件容易的事。

2018——《死囚》〈一副假牙〉

069

懦弱的多數一直都為一己之私而活著，無論在什麼時代。

2018——《死囚》〈一副假牙〉

070

對現任掌權者的無情，
是一個知識份子必須維持的清醒，
也是義務。

2018

《死囚》〈一副假牙〉

071

人們檢討過去或批判過去時，常常顯示出聰明和智慧；但是面對未來時，就有太多誘惑和顧忌蒙蔽了人們的智慧。這肯定是歷史會一再重演的理由之一。人類的悲哀常常出現在當極少數抗拒誘惑堅持原則的人起而反抗時，不但被掌權者迫害，還得被同樣是受害者的人民視爲「人民的公敵」。

2018

——《死囚》〈一副假牙〉

072

◆

大哥天天祈禱，我從不祈禱。我確信我的所做所爲正是上帝希望我們普行於大地的公義。沒有這種確信，反抗者就會失去正當性，會變得軟弱畏懼。

2018

——《死囚》〈一副假牙〉

073

◆

面對一個可能不在乎歷史評價，完全沒有歷史榮譽感的統治者，是被統治者的最大悲哀。歷史上卻多的是這類人才會奪權成功，長期掌權。悲哀啊！

——《死囚》〈一副假牙〉2018

074

◆

恐懼會使人不擇手段逃避被死神臨幸。人，絕大多數都從這一點走出分歧路。恐懼死亡自然會伴生求活的慾望。恐懼加上慾望，人就會出賣靈魂和尊嚴以無上限的手段求活。最後下場仍然一樣：死。這樣的死亡還常常以死者的尊嚴做陪葬品。

2018

——《死囚》〈一副假牙〉

075

我一生最珍貴的教材就是死刑判決書，最傑出的老師就是死囚在掙扎後仍然必須一死的身影。死刑徹徹底底教育了我，恐懼、慾望、幻想是自由人最墮落的誘惑。

放棄求生、擁抱死亡，是不是一種浪漫？當然是！革命者烈士一定與生俱來都有種浪漫的特質。浪漫是以有限的條件追求無限理想的那種情懷，那種氣質。

2018

——《死囚》〈一副假牙〉

076

◆

政治事件求助法律，徹底無效。不只蔣家政權如此，所有獨裁政權無一例外。

2018——《死囚》〈一副假牙〉

077

◆

在必死的威脅下，希望來自於徹底的放棄。放棄，使垂死者獲得無限揮灑的自由空間。沒有拘束的自由，往往創造了神秘的契機。這種思想，也許太浪漫，太神秘，卻是革命者的氣質。

革命者為理想而奉獻，揮灑生命是他的喜悅。

2018——《死囚》〈一副假牙〉

078

不做無罪答辯，
要使答辯狀像反抗宣言。

2018
——
《死囚》〈一副假牙〉

079

◆

死亡威脅下，恐懼會使人驚慌失措，亂無章法。恐懼沒有故鄉，像遭到狼襲的羊群四處逃竄。擁抱死亡反而會獲得最深度的冷靜和理智。

2018——《死囚》〈一副假牙〉

080

◆

「聽說你也起訴二條一了。」

「是。」

「獨立建國，一定要有人犧牲。」陳智雄說。「沒有人肯犧牲，怎麼會有個國家呢？」

他好像在鼓勵我，訓示我，也像在剖白自己的心志。

2018——《死囚》〈一副假牙〉

081

司法算什麼？
獨裁者的意向才是唯一的準則。

2018
——《死囚》〈一副假牙〉

082

◆

面對不可改變的事實，
閃躲或找藉口自我安慰是懦夫和愚者的行徑。

2018
——《死囚》〈一副假牙〉

083

千篇一律的答辯，都是否認犯行；
千篇一律的判決都是：所辯不足採信。

2018
——《死囚》〈一副假牙〉

084

◆

突襲是扭轉戰局的關鍵，
出其不意是致勝的條件。

2018
——《死囚》〈一副假牙〉

085

◆

曾經擁有，曾經享有，是死囚最後的財富。

2018

《死囚》〈一副假牙〉

086

牢裡有活著如自由人的囚犯，就像牢外有人活得像囚犯的自由人。自覺的人，永遠是自由的，不論他身處何處，監牢、恐懼與死亡也囚禁不了他的心智；不自覺的人，到哪裡都受人、壓力、環境擺佈，脆弱的心智甚至會屈服在自己的想像裡因而迷路。這個發現或覺悟對我極爲珍貴，它讓我在隨後二十五年半的囚禁中，不浪費時間全心全意用於閱讀、寫作、思想、研究和心智淬煉之中。一個準備好的人，機會來了他才能乘風飛翔，否則你只能望洋長嘆。

2018

——《死囚》〈一副假牙〉

087

歷史不在乎長短，在乎開始。我們必須開始認識祖先的榮耀與過錯，才能面對現在的衝擊，並思考未來的路線。誰逃走？誰流血？誰捍衛？誰背叛？誰反抗？誰屈服？誰樹立典範？誰遺忘歷史？

——《死囚》〈一副假牙〉

2018

088

◆

革命是在追求理想的實現，
是以生命做代價的奉獻工程。

2018
——
《死囚》〈一副假牙〉

089

◆

誰都明白，人都沒有機會選擇生，所以我要決定自己的死，參與自己的死。否則我也只是被造化擺佈的東西而已。

2018

——《死囚》〈一副假牙〉

090

◆

我的生命是倒過來思考的，從選擇怎麼死才決定我的人生該如何努力和怎麼走。我不像平常人從現在開始，規劃未來。

2018

——《死囚》〈一副假牙〉

091

我相信殉道是結束生命最莊嚴的方式。爲結束台灣的殖民地命運，挺身反抗獨裁統治，最後子彈從我的胸膛進出，噴出血花，多神聖的死亡啊！

或者，我想像的另一種死亡方式是殉情，無可救藥全心全意地愛上一個人，至死不渝！

我眞心地認爲以人生最美的就是殉道和殉情。而一般人崇尚好死不如賴活的死生的態度是不可容忍的醜陋。

2018 ——《死囚》〈一副假牙〉

092

我覺得人生最重要的事，莫過於眞正確認自己願意爲何而死。一個只求賴活的人不能說是珍視生命的人。他的生命跟一條蟲一隻貓狗沒有兩樣。逃避思考死，不敢決定自己死生方式的人，我認爲就不是一個嚴肅面對生命的人。一個智者，一個有美感的人才會是眞正的勇者，唯有眞正的勇者才敢于決定自己要如何死。那些不擇手段只求存活的人，是典型的懦夫。而讓生命隨遇而生又讓生命隨機結束的，是平凡人，甚至是造物者的玩物。

2018——《死囚》〈一副假牙〉

093

◆

平凡就不是美，敢於決定自己死的原因和參與死的過程是唯一能彰顯生命之美的極致表現。這是我對死生的詮釋，在別人眼中也許這是離經叛道，是荒謬的，是猖狂的，卻是我的信仰。

——《死囚》〈一副假牙〉

2018

094

人與死亡常常近在咫尺，不敢不肯討論、參與、決定死的人，就是一個不完整的人。這樣的「人」只是上帝的玩物，人敢于決定自己的死，人才能擺脫上帝的意旨，從上帝的玩物變成自己的主人變成眞正的人。聖經跟教會宣稱自殺的人不能上天堂，是要人永遠當上帝的奴僕當上帝的玩物，旣不能參與自己的生也不准決定自己的死，教會的世俗性和勢利性是要「人」永遠自願爲奴，爲上帝之奴順便也爲帝王及掌權者之奴。我，兩者都不願意，我只甘願爲公義之奴。

2018——《死囚》〈一副假牙〉

095

◆

死囚和準死囚一定有自己的生活態度和核心信仰，也一定有自己的思想邏輯哲學思維。否則，他們就不可能在無病無傷生命正青春時瀟灑對奕死神。

2018

——《死囚》〈一副假牙〉

096

歷史總是對後來掌權的革命者大書特書，但是在暴政和外來不義的統治下，如果沒有不計死生的反抗者與犧牲者不斷累積結束舊時代的摧毀能量，時代將何其墮落、黯淡、苦悶和絕望？

舊時代被摧毀，不管是用武力或選票都不是一夕之間丕變的。

——《死囚》〈一副假牙〉2018

097

奴隸升格爲反抗的「人」時，擋不住誘惑和貪念竟然執意要恢復奴籍。

2018——《死囚》〈一副假牙〉

098

◆

拯救政治犯只能高調再高調，極端高調。

2018

《死囚》〈一副假牙〉

099

◆

鬥志和無奈是可以並存的，
鬥志屬於理想，
無奈是現實。

2018

——

《死囚》〈一副假牙〉

100

◆

誤闖禁忌的反抗者一次就夠煎熬了，會一而再再而三的絕對是不達目的不休止的勇者。

反抗者都知道一個自由獨立的台灣，必須用血淚換取。坐牢不是使命的終結，只是奮鬥的小逗點不是句點。

2018

——《死囚》〈一副假牙〉

101

信念無影無狀無聲，
卻若盤古，磐石又若轟雷，
是殉道者的墓誌銘。

2018

《死囚》〈一副假牙〉

102

◆

人生終有落幕之時，即使是悲劇，即使觀衆寥寥無幾，亦都要有個嚴謹的安排，那是劇中人物想要替人生留下最後的完美身影。

2018——《死囚》〈一副假牙〉

103

「心裡明白卻不敢說出」就是蔣介石政權統治術的核心，也是人性恐懼的根本。

2018——《死囚》〈一副假牙〉

104

然而，我們一連好幾代人，卻都如此自欺欺人，不願承認存活於心中的眞相，甚至自動自發地爲權力者辯護編織正當理由。

2018——《死囚》〈一副假牙〉

105

敢於承認心中感受到的眞相，人才會展開行動。眞相會觸動所有敢於正視它的人們。

——《死囚》〈一副假牙〉2018

106

反抗者就是推著時代巨輪往前邁進的苦力，衣衫襤褸，蓬頭垢臉，面黃肌瘦，遭人鄙視。但是他一定自知巨輪輾過的痕跡正是人類向上突破的線條。

卡繆說，我們必須相信當薛西弗斯推著巨石上山時，他是快樂的。反抗者應該是快樂的。韓若春、陳智雄、宋景松……走向刑場的最後腳步時內心應該也是快樂的。

我這樣相信。相信才會使恨與痛苦消逝無蹤。

2018

——《死囚》〈一副假牙〉

107

◆

準備好棄絕自己的生命，在此時此刻極端重要。

一個一心求活的人會有幻想，會有恐懼，會有慾望。幻想會讓人舉棋不定；恐懼會使人不敢堅持立場、主張；慾望會讓人想討好所有權力支配者，也不敢反擊頂撞檢察官、法官。

2018——《死囚》〈一副假牙〉

如此年輕的我就如此自我訓練、自我鞭策，是我的幸也是不幸。從那一刻以迄於今，我的生命歷程從不輕快，榮譽感常駐我心。動人的戀情只是苦難中些許容易揮發的蜜汁，讓生命多了滋味與色彩而已。

2018——《死囚》〈一副假牙〉

109

◆

奴隸的民族所以會永遠當奴隸，
就是他們遺傳了不肯付代價的民族性。

2018

——《死囚》〈一副假牙〉

110

◆

烈士是敢於奉獻生命，
而不是放棄生命，
輕蔑生命。

2018

——《死囚》〈一副假牙〉

111

每種苦難折磨酷刑承受一次就夠了，再訴說一次，再回憶一次就彷彿再痛苦一次。訴說也彷彿是在向傾聽者懇求憐憫，不是英雄豪傑所樂爲。對我個人來說慘遭酷刑正是彰顯掌權者的邪惡，更令我深深覺得反抗有理，它是我軟弱時再武裝自己的元素，不是拿來控訴邪惡政權的工具。

2018——《死囚》〈一副假牙〉

112

這樣無情殘忍的經驗，一生一次就夠了。每次追憶就是另一次的折磨。恨，就會再滋生，我不想讓它鑄成一座心牢……。這是我的善良也是我的幸運，我不想用恨待人，也不想用恨自戕自囚。恨的力量強過愛。恨能使你法力無邊對抗一切逆境，但它像兩刃刀能傷人也能傷己，而且後遺症無窮。愛，如春風如暖流，不會強烈卻持久永恆。坐牢人只能靠愛活下去。靠恨活下來的人，終究會傷自己傷到不成人形。

2018——《死囚》〈一副假牙〉

113

統治者最擅用的就是製造恐懼所形成的懦弱，讓被統治者在自保下耽溺於屈服順從之中，而最害怕的就是真相揭露時所能激發出的人民的反抗意識和反抗精神。

2018——《死囚》〈一副假牙〉

114

獨裁者不可能堅強到完全沒有任何破綻，神樣無敵的阿基里斯都有脆弱的腳踝。

2018

——《死囚》〈一副假牙〉

115

獨裁者敢殺一個求饒的懦夫像殺一條狗，如果被迫必須和死士公然決鬥，獨裁者必定會猶豫迴避。因爲死士失去的就是一條命而已，而殉道更是死士另一種型態的歷史性勝利。統治者呢？贏了勝之不武，若有閃失呢？這一點就是獨裁者的阿基里斯腱。

2018

——《死囚》〈一副假牙〉

116

監獄是反抗者的學校亦是煉鋼廠。

2018——《死囚》〈一副假牙〉

117

◆

反抗者除了歷史之外，什麼也不配擁有。

2018
——
《死囚》〈一副假牙〉

118

在任人宰割下，
分分秒秒我都必須保住一個反抗者的尊嚴！
要笑、要哭、要逞強，
要示怯都要是有目的的。

2022
——
《軍法大審》

119

這群外來統治者對反抗者絕對仇視，對臣服的台灣人則充滿鄙視。當他一一唱名說出台灣人的名字時，都露出輕蔑的神情。這是台灣人的悲哀。反抗被殺，順服被鄙夷。

他的肅殺毫不保留。他的外省二代的口音流露著優越感。

2022
——《軍法大審》

120

◆

壞人做壞事都會有他們的合理化思想，那些屠殺猶太人的納粹劊子手，自己也都這樣合理化自己了。

2022——《軍法大審》

121

輕敵，是致命的缺點。

2022

《軍法大審》

122

◆

囚人什麼都失去了，財產、地位、食物……。完完全全都失去了，眞正的孑然一身，這種時刻能陪伴著你的就是記憶！美好的回憶！回憶會給你希望、勇氣、力量，特別是自由。囚人是肉體被囚禁著，思想與自由卻是眞正的徹底解放了。

2022

——《軍法大審》

123

◆

做爲囚人，我對待遇所求無多，只要讓我的心自由，我就能活下去、戰鬥下去。這種心的自由，只能自己找的。

2022

——《軍法大審》

124

任何初次被捕者在被偵訊後，一有空檔，一定會把珍貴的休息時間用來檢討或反省自己。這是沒有經驗的囚人最容易犯的錯誤。這時，最重要的是我必須恢復體力和疲勞。

2022
——《軍法大審》

125

◆

智者知道把「往事」中的雜質祛去，把光影調到最怡人的亮度，焦點聚焦在令你最興奮、最動心之處。

——《軍法大審》

2022

126

◆

台中仔想利用提這一段醜陋不堪的事讓我脆弱化，使我動搖，亂了我的腳步。唉，如果特務有這種浪漫想法就太低估了我，我是人，胃會痙攣；可是我更是自由人，不是一介奴隸，意志不會屈服。

——《軍法大審》2022

127

一個囚人如果想從特務之中尋找比較善良一點的特務而幻想跟他做良心的交往，這是囚人的致命點。

2022

——《軍法大審》

128

◆

想討好偵訊你的特務，是反抗者的墮落，自覺智慧的無知者。

2022——《軍法大審》

129

◆

三十多年來兩蔣政權按照這種秘密偵訊的「口供」在秘密法庭裡審判，不知道已槍決了多少「叛亂犯」。這次，如果有眞正的公審，後果，是會不一樣的。我如此深信。這種深信極端重要，我武裝自己，我相信這個世界。

──《軍法大審》

2022

130

◆

信心，永遠是最銳利的武器，
不管是在攻擊或防衛。

2022
——
《軍法大審》

131

◆

敵人提供的，
即使看起來可口、誘人，
都不可以接受。

2022
——
《軍法大審》

132

◆

這場戰鬥，不是爭辯法律之罪是否成立，而是讓世人特別是台灣人看到政治上的對錯，尤其看到外來獨裁者和台灣反抗者的眞面貌。

2022 ——《軍法大審》

133

就像長期被外來殖民統治的人民，或被獨裁高壓奴役下的人民，台灣人都已淪爲順民，人人心中都自己豢養著一隻怪獸「恐懼」，並代代遺傳。在這種自然環境下出現的少數反對者，也都在心中自我設限，給自己劃下不少「戒律」。什麼話不能說，什麼界線不夠跨越，都是黨外人士根據多年教訓自我設限的。

2022——《軍法大審》

134

◆

被謾罵，被攻擊，被醜化對反抗者未必是壞消息，有時反而是絕對好的回報。全國、全面通緝我，對我絕對不是壞事，只要有公開審判，只要我如計畫那樣表現！

——《軍法大審》2022

135

◆

激進派未必眞的是勇者，有時還可能是奉命臥底的奸細企圖引領運動走向極端。

——《軍法大審》2022

136

◆

事實是，你想提防，你想找出所有可疑的線民，你也絕對做不到。因爲只有你的朋友、親戚、同事才可能接近你，做奸細、做線民。在蔣家三十年恐怖統治下，台灣人對做特務的線民，早已不引以爲恥，反而會向親友炫耀他多厲害，在調查局，在警總關係多好。

2022

——《軍法大審》

137

我估量國民黨政府在這一、兩年中，已被迫有逐漸朝向開放前進的趨勢。尤其國民黨能容忍「助選團」存在，更顯示了國民黨在基本心態已了解讓在野勢力形成一個團體已是大勢所趨，應予接受。那麼，是什麼因素使「黨禁」政策暫時難於全面放棄或突破呢？

在國民黨方面，我認爲這是一種面子與尊嚴大於自保的問題。

在黨外，則是散漫的，山頭主義的黨外人士尚無法適應黨團的紀律生活。

有「黨禁」政策在，黨外人士可以找到藉口來替自己的「獨行俠」

行爲辯解。如果，「黨禁」政策眞的全面解除，受到困擾的不會只是國民黨，更多的是黨外人士。因爲在新情勢下，黨外人士將會成立數不盡的「黨」，而不能積極地負起制衡的作用。所以，我認爲有「黨禁」政策的存在，一方面可以使用我們攻擊國民黨一黨專攻，限制人民集會結社之自由；另一方面又能藉此維繫黨外之團結，並爭取到時間來練習黨外人士如何過團體生活。

基於上述看法，我心中開始有了如何辦美麗島的藍圖。

美麗島應是黨外機關報。

美麗島應發展成一個「沒有黨名，有黨實」的團體。

1980／1／15施明德三十九歲生日——《國家檔案：自白書》

138

◆

服務處主任是由總經理推薦，發行人聘請。換言之，地方服務處和經理部是有隸屬關係的。這樣才有可能貫徹總社意旨，不致形成地方性山頭。至於基金會，則由當地人自行選舉產生，由於缺乏實權，在總社心目中，它是統戰性質高於工作性質。

但是，當服務處和基金會相繼設立後，兩者間的地位、權責，以及兩者與總社之關係如何，在各地都發生了疑惑，爲了解決這些問題，我正請陳淑貞、劉峯松研擬「美麗島服務處及基金會章程」，在我腹案中，我是希望「服務處」擔任行政及執行角色，「基委會」扮演評議會之角色。我衷心希望經由這種途徑使黨外人士開始學習如何過團隊生活，學習如何協調、分工與合作。我相信，如果不經過這段學習歷程，一旦「黨禁」開放，黨外人士仍將新黨林立，甚至相互傾軋，這樣對健全政黨政治毫無助益。我的結論是，美麗島在外表是雜誌社，事實上，則在建立一個沒有黨名之政黨。

1980／1／15施明德三十九歲生日——《國家檔案：自白書》

常常有人問我，「你認爲你們這些黨外人士有能力維持一個政府？」我總是很坦率地說，沒有。但，我一定會再說：「歷史的發展，總有一定的過程，在這過程中，一定會存在著一些過渡的人、事、物。這些過渡性的人、事、物雖然不是支配將來某一階段歷史的主力，但，如果沒有他們，歷史將不易發展。」

所以，我安於扮演「踏腳石」之角色。

1980／1／15施明德三十九歲生日——《國家檔案：自白書》

第一次被捕，特務只能拔光我的衣服，凌虐我的肉體……。

這一次，他們雖然不敢動我一根汗毛，他們卻想破開我的腦，窺探我在這九三六天，從一九七七年出獄到再度被捕，到底藏了多少反抗資訊？

獨裁統治，特務統治，就是不允許人民有秘密。任何反抗的秘密，都會滋生、繁衍成叛亂的火源。每個火源，特務都得找到，然後加以監視、操控或撲滅。

141

所有的特務動不動就是「政府已仁至義盡了」，意思就是你們這些反抗份子就是不知好歹，咎由自取！特務沒有說出來的尾音就是：「是你自尋死路！」

我還以輕蔑的微笑。斷頭臺上的微笑難，更難的是走上斷頭臺前的一路微笑。

我時時刻刻不敢忘記一再提醒自己。這個微笑是對獨裁者的輕蔑，是喚醒台灣魂的巨響，是開起台灣史的發動機。

2022——《軍法大審》

知道將死，不存僥倖，就能比任何人更能利用「死」的優勢，成就自己一生的價值。很少有人有機會替自己的死，預作準備的。不只是留下文字，留下聲音，留下身影……。

2022——《軍法大審》

143

但是，他們絕對體會不到，死士、烈士有種生命是從死亡才會誕生的！

死，不是終點，是起始。

——《軍法大審》2022

144

◆

不像人地活著，比死更尊嚴嗎？

2022

《軍法大審》

145

戰略已定，戰術隨機。我有點慶幸是單兵作戰，不必開會討論。

2022
——《軍法大審》

146

我知道我在幹什麼，我將幹什麼！
我把這項任務深埋在心底，不露聲色。

2022
——
《軍法大審》

147

◆

我的生命經歷怎麼這麼貧乏，才三十九歲，已經被囚禁了十五年多，已經兩次面對死刑，人生最豐富的經驗竟然只是監獄、特務、刑求、偵訊、坐牢、死囚……，一步都沒有離開過台灣。紐約、東京、香港、巴黎……像什麼？我只有從書本得來的印象。

2022

——《軍法大審》

偵察筆錄的發動者是檢察官，他想從那裡提問，中間想問什麼，都由他決定。如果我的自白書是自由意志下的產物，我要從何處下筆是我決定的。如果我的自白書和檢察官的偵察筆錄完全一模一樣，連刪改處都一樣，那就證明這份自白書是非自由意志下的產物，我決心留下伏筆給後代史家。如果眞的有史家。

2022

——《軍法大審》

149

每次，瀕臨死亡之境，我都會立即想到戀情。也許，死神和戀人常常併立、共生，才使我對死亡減少了恐懼，多了動人的遐想。

2022——《軍法大審》

150

「你必須表現出懺悔之情，你才有生路！」李主任臨走前的話響起。

我知道，但求生不是我的目標！我知道該怎麼做個人！

2022——《軍法大審》

151

早已佇立兩旁的看守所軍官們一起擁到身邊，把我引到被告椅子坐下，但是，蠻斯文的。台中仔要一名中校在他的文件上簽字。顯然，我又被當「貨物」交到另一個買主手中，像當年的黑奴般。

我就坐著看他們交易。

交易完成，台中仔那群特務沒有跟我打招呼就掉頭走了。我還在想著，如果他們跟我打招呼，我該如何回應？

2022——《軍法大審》

他們把房門一上鎖，我立刻知道這是間特別囚室。整個牆壁四周有水泥牆的部分都加裝了海綿，防範囚人撞牆自殺。押房長約八公尺，寬約四公尺。進房的左側有個水龍頭和洗手台，旁邊就是墊高約半公尺的蹲式抽水馬桶，木板門使上廁所的頭可以露出，好讓獄卒從押室外的窺視可以看到。房內還有兩部錄影機，設在進門的對角處，可以全方位從看守所外部監視看到囚室的一切動靜。這個押房除了房門旁有個從外部可以拉動的活動窗門窺視房內外，門進來的這一側還有一個窺視小窗，就是從老士官長的臥房可以掀開探看的。全房沒有任何死角。

153

移送軍法處的意義代表什麼，我很清楚。我的戰友們也許在調查局或警備總部會被誤導，以爲這只是「釋放」前的過水動作而已。我，則一點都不存有幻想。我的人生終於走到終點站了。

2022
——《軍法大審》

154

我必須跟時間競賽！必須留下文字，讓台灣人知道，我爲何而死，我爲誰而死！讓後人可以接棒奮鬥下去！歷史上，台灣人的奮鬥就是沒有文字留下來，很難傳承。在調查局很多眞心話都不能寫，現在我必須趕快寫。

2022——《軍法大審》

155

◆

法律辯護，我是被告，蔣經國是原告。
政治辯護，蔣經國是被告，我是原告。

2022
——
《軍法大審》

156

◆

回到房間，我決定，等我開始寫東西以後就不再放封。因爲我開始寫答辯狀和遺囑後，我不願班長趁我出去放封時偷看或複印我的手稿。戰時，沒有假期。

2022——《軍法大審》

157

現在，我必須趕緊寫的就是貫穿一生，從第一次坐牢，或從小時候啟蒙開始，寫一份政治遺囑。這就是政治辯護的精髓，也是我的生命的價值。

不存任何生機，不抱任何僥倖心，我才能在公開審判的法庭上，痛擊「蔣經國的阿基里斯腱」。殉道者必須不斷在心裡鞭策自己。心懷生機，會使反抗者變成懦夫。

2022——《軍法大審》

158

這次，移送看守所，我清楚自己的生命已走到終點。我計算自己還有幾次公開露面並講話的機會，如果有公開審判的話。我估算一下，應有三次到四次的機會：

一、預備調查庭。

二、調查庭，可能進行二次。

三、辯論庭，包括最後陳述庭。

但，其中可能在第二和第三之間會有被告對質庭，那就可能多一次講話機會。

我想怎麼對台灣人，對歷史說話的機會，就是這些機會了。以前的演講場頂多三兩萬人，第二天報紙也不刊登。發表的文章自己還得審稿，不敢寫眞話，害怕被抓來坐牢。現在已經被抓來坐牢了，最後的講話機會了，該說了。

2022——《軍法大審》

死囚在辯論終結後，就沒有機會再面對媒體了，家屬的會見都是被封鎖的。至於行刑的過程更是保密，家人最後能看到就是被槍決後倒在地面的浴血屍體。外界連屍體的影像都看不到，除非掌權者要再拿它來恫嚇人民。

我讓自己思想這樣遊浴了一次。像自己站在閱兵台，檢視自己最後的死亡歷程。

2022——《軍法大審》

160

在台灣再次處于大逮捕的人心惶惶，方向迷失的時刻，在歷經數百年外來統治下，我要告訴台灣人應該如何奮鬥的叮嚀。雖然我知道被統治的人民常常會像法利賽人那樣羞侮、背棄、出賣他們的先知一樣，也會對我斥之以鼻。因爲他們面對著我，就可能照映出自己的懦弱、順服、自私的原形。當然，我也知道無知、惡意的後人，也可能不相信我這份「答辯狀」或「遺囑」是這樣寫成並保存下來的。

2022

——《軍法大審》

161

在逆境中，在臨終前，人的心智反而更敏銳更細膩。也許，這樣就是死囚生命力的爆發……。

這段日子，我又常常想起耶穌告訴他的門徒：我的國在天上，我死後三天會再復活的話語。我不是上帝之子，不能死後復活。但耶穌的話語提醒我：殉道正是我永生必經之路。透過殉道我才能永生，我才能「復活」。有這種提醒，使我不畏死亡，不怕爲台灣而死。我的死，正是我永生的必要條件。

這，就是我微笑面對斷頭臺的信仰。

2022——《軍法大審》

162

◆

死亡之路絕對難行，孤單、恐懼如影隨行，只能靠自己不斷給自己打氣，給自己價值和勇氣，一刻都不能輕率。

2022

——《軍法大審》

我像一個奉獻者在向他的族人，向他尚未建國的子民留下遺言並告別般。這時，我才決定把這份文件從起始的「答辯狀」定名為「政治遺囑」。我知道，我已不可能等到台灣建國完成之後才對族人說這些話了。

自古以來，被外來統治的台灣人，對於信念，對於勇敢，對於犧牲，對於反抗，是模糊的，甚至排斥的。這是台灣人的集體悲哀。被統治者的文化是隨著新統治的文化在汰除前統治者的文化。台灣沒有什麼可歌可泣的故事被留傳下來。對高貴的精神、情操都會被視為違反求生存的法則。長輩一代教一代：「那不是台灣人配學習的！」我寫完了「答辯狀」，也準備走上斷頭臺了，我心中竟然告訴自己：你死後，甚至百年後，你的同袍，你的子民，念到這份文件仍不會感動，甚至會排斥的！就像當年耶穌被他的猶太族人判處死刑，送上「各各他山」一般……。

台灣人一直只景仰統治者，敬拜統治者的神和英雄，只學習如何屈服統治者，羨慕有錢與有權的人，分享些許權位或利益的識時務者，卻常常作賤自己的英雄……。因爲從「英雄」的鏡面，最容易看到自己的軟弱、順服和無格。台灣人沒有培養起什麼精神文明……。又對外來統治者的文明斥之以鼻，中國的忠孝節義，日本的武士精神……，在台灣人眼中都是無聊的。

這種感慨在步上斷頭臺前夕，格外濃的化不開……。

我覺得自己變得很憤世嫉俗，目空一切。也許就是有這種氣質，我才敢扮演大審的英雄，才敢追求傑出，樹立典範……。

2022——《軍法大審》

164

漫長的苦牢讓我有太多機會檢驗情緒的發展軌跡，遏止、克制在情緒激昂時，都不會是最好的方法。讓它盡情宣洩吧！心境自然會找到它該有的定位，然後，會像雨過天晴般。

2022 ——《軍法大審》

165

烈士，不應只是奉獻生命而已，更必須陳述理想、信仰、決志。不能只留下文天祥大氣蓬勃的《正氣歌》部分而刪除他被囚不降的兩年苦況。也不能只是寫一篇感人肺腑的〈與妻訣別書〉，蔣家獨裁政權的本質，台灣問題，台灣殖民地命運的終結，都不是三言兩語。

2022——《軍法大審》

166

◆

什麼時代了！造反者、叛亂者竟然沒有一隻手槍，一顆手榴彈，更沒有一隻自動步槍和機關槍？只想用木棍、竹棍、火把、鋼筋，還有一桶柴油，一捆點火用草紙，就想造反？就想叛亂？蔣家的特務、檢查官最後搜遍全台灣竟然只能拿到這些「犯罪物證」來證明我們「叛亂」？完全不在乎會不會引起世人的恥笑？

這，就是獨裁者的信心。這，就是獨裁者的狂傲！

掌握了權力，就掌握了眞理，也掌握了詮釋權、裁判權。

2022

——《軍法大審》

167

◆

反抗者、革命者被暴君凌虐、處斬，求仁得仁，沒有什麼好抱怨的。只是被同類、同志傷害才會令你慟入心脾……。

2022——《軍法大審》

168

◆

人，能像人那樣活著。人，能像人那樣死去。這是何等尊榮的事！

——《軍法大審》2022

169

◆

敢面對死刑的人，反而會更冷靜又智慧。一個被外來統治的異議份子命定的悲哀。

移送軍法處之後，我的生命，我的生活都只能以此爲思想的焦點：在公審中擊潰蔣經國的意圖。心無旁騖。

垂死之人，工作效率是極驚人的。

2022

——《軍法大審》

170

◆

少年人都有夢。我的少年從「神父夢」逝去後，就被「革命夢」盤踞。十六歲，這個夢就成熟了，很多人也都有少年夢，只是夢往往維持不久就被另一個夢取代或被現實拖著走，走向世俗化。我卻被「殖民地子民必須奮起革命，終結台灣的殖民地之噩夢」牢牢攫獲，久久不逝。

——《軍法大審》2022

冷冰冰的玻璃窗，單調的鐵條柵，整個接見檯隔離著兩個世界，不，是兩個鐵窗世界。對話人表情都極端沉重，沒有一絲笑意。外面的人，鐵窗範圍比較大，在獨裁統治下，人民都是獨裁者的囚徒。區別只是有些人正要被審判，即將成為祭品；有些人只是恐懼下的自囚者，順服者。

2022

——《軍法大審》

172

◆

獨裁者的一切恐怖統治，就是要使被統治者恐懼、臣服、順從。當反抗者以微笑回應，當民不畏死，帝力何有在！

——《軍法大審》2022

微笑，連嬰兒都會的表情。但是，在肅殺的法庭，在獨裁者尚未正式裁定殺或不殺的時刻，展露輕蔑、不屑的微笑，是包含著內心多少死生的掙扎？

這個微笑，是自己給自己的死亡判決書，

我懂。

2022

——

《軍法大審》

174

求生的慾念也會像幽靈一般，時時刻刻趁隙而入，撼動我的意志……。

開庭前，我日夜受到這種求活的誘惑，內心交戰不息……。

如果我雄辯滔滔，卻態度卑躬屈膝，一切都將枉然！

我決心笑傲法庭，但憂懼自己會敗於自己的貪生之念！

這種交戰一直激烈著……我不斷激勵自己，一天不知多少次。

2022

——《軍法大審》

175

◆

我沒有辦法找到共同的打擊手。同案被告不是，律師們更不是。我仍然必須擔任主擊手！我是台灣歷史劇中眞正的主角，不是虛構的小說人物，我清楚覺悟！求活必死，求死才能活在未來，活在歷史！

2022——《軍法大審》

176

◆

我必須單兵作戰！

我的政治辯護，不是要做無罪辯護，我有罪無罪不是這個法庭可以論斷的。我的政治辯護，是要闡釋我們的行爲的正當性！我們是台灣歷史工程的工人，我們起造的是歷史殿堂。

我要讓蔣經國成爲被告，不是我的被告而已，而是全體被壓迫的台灣人民的被告！不管我個人的生死如何。只有我採取政治辯護才能主客易位。

2022——《軍法大審》

177

被奴役人民的反抗，沒有比公開大審中視死如歸的反抗更強而有力！

我沒有忘記一再鞭策自己，叮嚀自己。人性中貪生、墮落的防線，常常都是從一條小裂縫，一個微粒的漏點，就會開始滲透蔓延，最後潰堤……。

越接近開庭日，我內心的爭戰越強烈……。

2022——《軍法大審》

178

台灣歷史？離我太遙遠。台灣人民？又跟我太陌生。我不像南非的曼德拉有那麼多族人同心簇擁，台灣人沒有反抗的遺傳基因。反抗不義統治還常常會被台灣人視爲「背骨」。這是被統治者的悲哀。

我，是個孤獨的殉道者？

2022——《軍法大審》

此時此刻，誰能與我共舞？我再度肯定：人最珍貴的財富絕對不是金銀財寶，絕對不是大批土地華廈，也不是高官爵位。這些東西一旦你坐牢了，都會不再擁有，至少是短暫地離你而去。只有一項「東西」卻會須臾不離。那就是「美好回憶」——戰爭的滋味，兒時的親情，少年的輕狂，纏綿悱惻的戀情。它們隨時會呼應你的召喚，回到你眼前、心中、腦海，抒解你的壓力，鼓舞你的心志，撫慰你的創傷，陪伴你的孤寂，甚至陪你同上斷頭臺。有美好回憶的人，才是眞正的富者，不只證明你曾經活過，現在仍伴著你，不會因爲你窮途末路而背棄你。

180

每一個人都被死刑震懾住了！每一張臉都反射出獨裁者的威嚴！我不得不說，除了我之外，每張臉龐都被獨裁者修飾過了，修圖過了。

整個法庭，大公審的死刑法庭，只有一張笑容，只有一個人雙手插口袋桀傲不遜的姿態！

這個笑容，這種姿態，是要給獨裁者，給台灣歷史，給台灣後代子孫的！

2022——《軍法大審》

囚室猶如禪房，囚人就是僧者，悟道者昇華。

這一夜，我是在感恩感謝的心情中入睡。

這一夜，我虔誠地感謝天主賜給我這種膽識勇氣，笑傲法庭！

這一夜，我由衷感謝這兩年多來愛我的情人們，每一位，如果沒有這些愛，我不會如此心甘情願地決心爲信仰爲理想奉獻一己！每一位烈士、死士心中一定有愛也被愛。沒有愛的人，不會是眞正的勇士、烈士！在殉道路上，死士會一而再地擁抱著愛。愛人是滿足，被愛是喜悅，兩種皆有是幸福。

182

我是極度自戀的人。不自戀就不會自愛。烈士都是高度自戀又自愛的人。一個人敢爲民族的自由而亡，肯爲信仰而死，是何等高貴的人種！我就是這種人，今天我必須展現出來。

2022——《軍法大審》

183

歷史上，劊子手常常都是一臉道貌岸然的好兒子，好丈夫，好父親。

看著軍法官們正襟危坐，我內心好可憐他們，命運竟然安排他們擔任這份必然會在歷史上留下壓迫者幫兇的職務。

2022

——《軍法大審》

184

◆

沒有戰鬥意志，任何武器都會失去其功能。
沒有意志的武器，如同廢物。
沒有死志，一切意志都會崩解。

2022

——《軍法大審》

185

◆

「你剛剛說，你組織一個沒有黨名的黨，是要捍衛台灣獨立，你主張台灣獨立？」審判長問。

「是，我認爲應該台灣獨立！」我清晰地表態，繼續說下去：「而且事實上台灣已經獨立三十年了，她現在的名字叫做中華民國。」

1980／3／20——施明德於美麗島大審調查庭發言

186

我主張「中華民國模式的台灣獨立」，是一種結束台灣殖民地命運的大策略。追求台灣主權獨立的用語，不如「捍衛台灣主權獨立」的用詞。前者會被視爲破壞國際現狀，並會誤認中華人民共和國是台灣的母國，才會「脫離」和「追求」台灣獨立的含意。再則，僅用「台灣獨立」一詞會讓一九四九年隨蔣介石到台灣來的「外省人」認爲他們被排斥在外。政治運動必須「畫個圈圈有你在內」，而不是「畫個圈圈把你排外」。

2022——《軍法大審》

187

我知道「台灣獨立派」或「台獨基本教義派」在沒有生命危險高呼「台灣獨立」會很爽，但，沒有一個國家是在「爽」中建立的。

國家一定是在「血與智慧」中誕生！

2022
——
《軍法大審》

188

◆

奉獻的、無畏的、反抗的精神和恐懼、順服一樣是會傳染、感染的。我感覺得到我上午的表現也已給了愁雲慘霧籠罩數月的家屬們一些力量，燃點內心的勇氣。人，必會死，知道爲何而死，會讓恐懼轉化成些許力量。

2022

——《軍法大審》

189

「中華民國模式的台灣獨立」就是要讓台灣內部找到雙方子孫都能接受的過度方案，等待將來子孫可以依其自由意志決定台灣前途的那一天！

2022

——《軍法大審》

190

今夜，我沒有忘記再度極嚴肅的提醒自己：台灣人是不崇拜自己的英雄和烈士的，台灣人一直只敬拜掌權者和外來統治者的神和忠烈。你可能還仍會被台灣人羞侮。你必須絕對要自己心甘情願地奉獻，才不會死後懊惱。

你的桂冠，只能在天上的聖靈殿領取！

今夜，我一再告訴自己：當哪天，天還沒有亮，大批劊子手們湧進牢房，我必須笑傲如今日，不必反抗，不必高歌，也不必辱罵，就是要高貴地、酷酷地微笑，拖著腳鍊走向刑場。

2022——《軍法大審》

191

被外來統治了數百年的台灣人民，多是臣服者，怯懦的，但是，當冒出頭的台灣人的領袖們被獨裁者公審時，他們都盼望看到這些領袖們是視死如歸，勇敢承擔的勇者！

領袖的懦弱是子民的錐心之針。

2022
——《軍法大審》

192

◆

面對死刑公然的笑傲，那是烈士刺向獨裁者的利劍！而且是獨裁者躲不掉的匕首！

我懂這個奧秘。

2022

——《軍法大審》

193

◆

我知道，我的笑容和姿勢像一株不合時宜的杜鵑花，開在元月酷寒的冰窖裡。雖然自覺這種肢體語言出現在這種場合非常突兀，仍持續強求自己必須表現著！

橫眉冷對千夫指，永遠都是突兀的，永遠都是不合時宜的。

2022——《軍法大審》

194

在歷史長河中，死囚笑傲的影像，勝過千言萬語的雄辯。當我稍有怯懦時，我就會一再如此提醒自己。死生的間隙，內心的自我對話，會不斷湧現……。

2022——《軍法大審》

195

死囚，覺悟的死囚，在停止呼吸的前一刻，仍會想盡種種辦法對獨裁者的法庭做最後的輕蔑反擊。敢這樣做，而且做得出來，不是浪漫情懷而是靠絕對的反抗信念才做得到。此時，我不是被情色飛揚的費洛蒙所支配，是絕對的反抗意志在放射……。

2022

——《軍法大審》

——196

◆

一個偉大的反抗者，絕對不是天生的，他必須經過壓迫者的千錘百鍊，才能鑄成。

唯有我這個歷經錘鍊過的人，才不只既要作法律辯護，更敢以生命做祭品，取得了在法庭上公然宣揚理念的辯護權。不是他們有氣度容忍我可以如此囂張，雄辯滔滔，是我用必死之志，換取生命最後攻擊的特權，全力全面作戰。而我在法庭的雄辯內容，也不是神來之筆，更不是什麼人可以傳授給我的，那是我在十五年牢中苦讀研究的精粹！

2022——《軍法大審》

197

垂死者唯有靠自己鼓舞自己。

2022

《軍法大審》

198

這些烈士遊魂的蒞庭，在偶發的怯懦中，會讓我膽識飛揚。心中有烈士與否，對一個反抗者是極端重要的精神武裝。國族，也復如此。

烈士，永遠是國族的靈魂。沒有烈士的國族是個無脊椎的民族，不可能長存於世。

台灣人知否？

——《軍法大審》2022

坐在大審的法庭中，這些景象又一一回到眼前，我比泰源五烈士多活了十年，此刻又步他們後塵，坐在這裡等待死刑判決……。做爲一個殖民地的反抗者，死神總是環繞在我的周遭，從未遠去……。這種感覺，不會令我軟弱，反而讓我更堅強……。在同一個空間，泰源五烈士常常不請自來……。

——《軍法大審》2022

200

我已準備好了，明天我將是一名好戰士！今夜我只需要好好地睡一整夜，養精蓄銳，與敵人纏戰！我的人生一向如此，歡樂與戰鬥都全力以赴。

2022——《軍法大審》

201

我再次鞭策自己。這種自我激勵是時時刻刻都必須進行的。否則，死神的陰影就會遮蓋你所有的光源，凌遲了你的鬥志。

2022——《軍法大審》

202

◆

公審的法庭，就是大講台！大教室！我終於有機會替台灣人民上一場政治大課。這個機會是用死刑換來的，不是獨裁者慷慨送我們的。他斷定我們絕對沒有種，敢公然如此放肆！

十五年苦牢、苦讀、苦修，已讓我變成一個完整的戰士：

端起槍，能夠瞄準殺敵；

提起筆，能夠著書立說；

張開嘴，能夠雄辯滔滔。

2022

——《軍法大審》

203

重溫，是美好的，尤其對一個爲信仰、價值、理想奮鬥一生的人，重溫就是再度擁吻生命與價值。這是一生爲私利汲汲營營、勾心鬥角一生的人所不可能享有的喜樂。

2022

——《軍法大審》

204

◆

「浪漫就是以有限的條件或資源，企圖追求無限的理想和目標的那種情懷或氣質。」

浪漫就是這種情懷，這種氣質。

如果沒有這種情懷或氣質，我不可能度過這樣特殊的一生……。

今天，一定是我有生以來最浪漫的一天。我竟然幻想以個人的死志，擊沉蔣家這艘外來的獨裁巨艦！

2022

——《軍法大審》

205

◆

我知道自己不可能表現得盡善盡美，
但敢死就無敵。

2022

——

《軍法大審》

206

◆

我不在意所有敵視我的人，
但我不能讓關懷我的台灣人失望！

2022
——
《軍法大審》

施明德簡略年譜

一九四一年　誕生

昭和一六年初，辛巳年末，生肖龍。

一月十五日，施明德誕生在高雄州高雄市鹽埕町四百二十六番地，一幢巴洛克風格樓房立面刻著「施」字的漢醫診所，父親施闊嘴五十七歲，母親施陳英二十七歲，家境富裕，擁大批土地與房產。父親是南台灣著名全科中醫，也是日本時代的漢醫考試官。父親先前與元配生育五女，母親是父親喪偶之後續絃，育有三子，大哥施明正六歲、二哥施明和四歲、三哥施明雄二歲，施明德排行老四。施家是台灣很早信主的虔誠的天主教家庭，熱心捐錢改建愛河旁的玫瑰聖母堂，施明德在該堂受洗，聖名若望（John）。在家裡，家人喚他日本名Aki-Nori。

父親施闊嘴 1884-1953

高雄玫瑰聖母堂

十二月七日，日軍發動偷襲美國夏威夷珍珠港海軍基地，引爆太平洋戰爭，是二次世界大戰的轉捩點。

一九四三年　二歲

妹妹施明珠誕生。

一九四四年　三歲

太平洋戰事越演越烈，波及日本殖民地台灣，砲彈落到高雄、屏東之後，冬天時施明德隨家人與僕人一起疏開到高雄鄉野田草埔，躲避美軍轟炸。在防空洞內，施明德與母親家人一起禱告念經，在防空洞外他問父親台灣為何被轟炸？父親說因為台灣是日本殖民地。施明德第一次聽到「殖民地」這個影響他一生的詞。

一九四五年　四歲

終戰後，仲夏舉家遷回高雄，搬進小圓環旁一幢四百多坪的日式庭園大宅。那裡後來改成「中正路」，大宅成爲彰化銀行。父親請裁縫爲兄弟們訂製西裝、皮鞋，施明德穿戴整齊，開始到玫瑰聖母堂上修女主持的兒童班，聽聖經故事。

一九四六年　五歲

父親施闊嘴在高雄火車站前蓋了四幢樓房落成，施明德全家搬進其一，餘三出租。火車站前人來人往，永遠有新鮮事發生，讓好奇的施明德有一個熱鬧的童年，看盡世間百態。施明德在這裡一直住到第一次被逮補。

一九四七年　六歲

歲初隆冬，從火車站前的自宅看出去，施明德目睹二二八大屠殺的血腥場景，高雄中學和水產、工業學校的學生，端著步槍在火車站前與國民政府軍的機關槍對峙，縱然敵眾我寡，仍前仆後繼奮勇抵抗至死。乍暖還寒的三月天，民眾憤怒燃燒紙幣，背後插著名牌遊街示眾當場被槍斃的反抗者，曝屍街頭的屍體。

父親亦遭逮捕，所幸曾救治過高雄要塞司令彭孟緝的司機，身份被認得後釋放，逃過一劫。

一九四八年　七歲

就讀三民國小一年級。穿皮鞋上學的施明德，羨慕起自由自在沒鞋穿，卻擁有一身捉泥鰍小鳥和青蛙絕活的同學們。

一九四九年　八歲

國共內戰失利，蔣介石政權流亡到台灣。從高雄港登陸的軍隊，沿著中山路往高雄火車站前進，衣衫襤褸背著鍋碗瓢盆的軍人，讓見識過乾淨整齊威武日本軍人的孩子們心中無限納悶，像是見到所謂穿新衣的國王一般。

台灣宣布戒嚴。

一九五〇年　九歲

台灣進入白色恐怖時代。

夏，韓戰爆發。

一九五一年　十歲

接骨師父親，每日清晨號召兒子、鄰居好友一同打拳健身，卻因白色恐怖被誣指「聚衆習武」，遭逮補。母親心急如焚，變賣家產換取現金賄絡官方救回父親施闊嘴，但嚴刑拷打折騰數月，回家之後不良於行，終日臥床，直到離世。

施明德是家族公認的孝子，放學後總是陪在父親的病榻前，爲父親研磨蘋果泥，讀報紙，聽父親一一解說韓戰和國際局勢。

一九五二年　十一歲

父親命令施家兄弟每天五點都得起床，雙腿綁上鉛條跑上五百公尺。

一九五三年　十二歲

七月十四日，父親去世，得年六十九歲。

「父親經歷二次大戰的洗禮，也遭受二二八事變的驚恐，他對和平有格外關切，即使戰爭遠在朝鮮半島。我當然不懂得很多陌生的專有名詞，也不一定懂得事與事的關連性。我一邊讀報，一邊聽父親替我解釋、分析。這是我從小就對國際事務關心及瞭解的濫觴。」——施明德回憶錄。

一九五四年　十三歲

施明德考入高雄中學初中部。

敲開大哥施明正幾年前特意爲他藏在床板下的一箱禁書，全是三〇年代的文學和俄國和西方的世界名著，召集同學將書本分拆輪流閱讀。

一九五七年　十六歲

夏日黃昏時，嚴肅地告知母親，打算唸軍校，組織軍隊，武裝兵變，推翻蔣氏獨裁政權，母親聞後大哭，施安慰母親：「您有五個兒子，少一個沒關係。」

考入高雄中正中學高中部。

一九五八年　十七歲

在中正高中結識尤清，一起編輯《星月》雜誌。命名典故披星戴月。

1958 高雄中學（左上）

1953 三民小學（左二）

一九五九年　十八歲

進入陸軍砲兵專科學校就讀。女友陳麗珠懷孕。

一九六〇年　十九歲

女兒施雪蕙出生。

秋，爆發「自由中國」雷震案。雷震實爲追求民主、自由、組黨，卻被當局誣陷爲「包庇匪諜、煽動叛亂」判處十年徒刑。

施明德自陳當年《自由中國》雜誌對青年的他影響很深。

一九六一年　二十歲

任陸軍第十九師砲兵七十四營二連少尉觀測官，體認戰爭無情，和平無價。

1959 陸軍砲兵專科學校

期間實地了解八二三金門炮戰的眞相：「金馬防衛不了台灣，台灣保護不了金馬。」若非美國軍援，金門早已彈盡糧絕。

九月十九日，蘇東啟被捕，該案牽涉台籍軍官共逮捕三百多人。

一九六二年　二十一歲

六月十六日即將晉升爲中尉之時，因「台灣獨立聯盟案」於小金門被逮補，送往大金門的國防部反情報單位「第三招待所」偵訊，不到一個月又被移送陸軍總司令部反情報組，沒幾天又被移送台北木柵馬明潭陸軍總司令部軍法處看守所，接著落入蔣介石的「東廠」警備總部保安處，隱藏在西門町的東本願寺裡，施明德在此地遭刑求拔光所有牙齒，誘發遺傳性疾病僵直性脊椎炎，待到假牙裝好才被送到青島東路三號警備總部看守所。

1962 砲兵少尉觀測官施明德在小金門（右）

大哥施明正和三哥施明雄都遭無故牽連逮捕。

一九六三年　二十二歲

五月偵訊結束，以「籌組『亞細亞同盟』意圖叛亂著手實施」起訴唯一死刑。移送青島東路三號警備總部看守所，與死刑犯同囚，他們是韓若春、陳智雄、黃祖堯、蓋天宇、蔡秉堃、宋景松、白克、鍾盈春、嚴君川。透過仔細觀察形形色色的被誣陷者、無故的荒謬犯，和良心犯臨死前的樣態，施明德反思悟道，成長學習，這一段與死囚貼身相處的歲月影響他一生甚巨。

施明德反覆提起這一段時間精讀的湯恩比巨著《歷史之研究》深深烙印在他心中。戒嚴之後，警備總部從民間搜刮沒收的書籍，都在監獄裡的圖書館裡，這是歷史的弔詭，最不自由的地方，倒成了最能自由閱讀的地方。

一九六四年　二十三歲

二十一歲頂著一副全口假牙，倒成了難能可貴的「刑求」鐵證，意外地讓施明德躲過死刑，四月一日被判處無期徒刑，不得減刑假釋，沒收財產，整座監獄都爲他歡呼，大哥和三哥皆被判處五年有期徒刑，一起叮嚀他：「不要上訴。」

粗製濫造拗口的假牙在牢獄裡一直折磨著他，從此在囚房裡，若聽見石塊敲打著鋁碗的鏗鏗聲，便知道施明德在吃飯了。放風時，施明德得在地上尋覓些適合的尖銳物，好回牢房裡小心仔細地打磨自己的假牙。

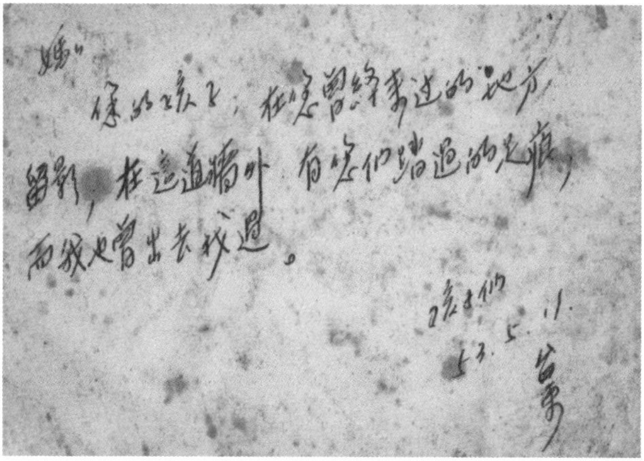

媽：
您的孩子，在您曾經來过的地方
留影，在這道牆外有您們踏過的足痕，
而我也曾出去找過。
孩子們
53.5.1.
台東

上：1964大哥施明正（左）和三哥施明雄在泰源監獄
下：1964施明正施明雄泰源監獄 背面文字

一九六五年　二十四歲

移囚台東泰源監獄，施明德第一次踏上台灣東岸。

在這一座囚禁政治犯的監獄裡，他認識了許多菁英，《北大荒》的作者梅濟民文筆非常好、《新英文法》作者柯旗化精通英日語、日本東京大學出身的陳其昌後來成爲施明德的日文老師。也結識志同道合的革命同志江炳興、陳良、鄭金河、謝東榮和詹天增。當然也遇到許許多多日後的抓耙子、出賣者和告密者。

開始有系統地專攻國際法，遍讀中文、英文、日文相關書籍。

一九六六年　二十五歲

中華人民共和國自一九五〇年以來欲爭取聯合國中國代表權議題，

一直都是政治犯監獄裡的熱門話題。施明德與獨派政治犯的主張是「容毛不排蔣」，認爲台灣可以接受「一中一台」或「兩個中國」，只要台灣能留在聯合國，台灣的問題是內部政治開放的問題。

一九六八年　二十七歲

二月二十九日，母親去世，得年五十三歲。施明德不得奔喪。嚴重抑鬱，爆發嚴重胃病，被送至台東軍醫院戒護就醫，此時女友陳麗珠租屋在旁就近照顧，再度懷孕。

柯旗化的第一出版社出版施日文翻譯中文《眞善美》一書。

一九六九年　二十八歲

女兒施佩君出生。

一九七〇年　二十九歲

施明德等泰源監獄政治犯籌謀已久，決議二月八日農曆大年初三，由擔任外役的政治犯江炳興、陳良、鄭金河、謝東榮、詹天增起義，奪取槍械後解放監獄，駕車下山，計畫買通漁船將精通日語和英語的柯旗化一人偷渡至琉球，再佔領台東電台，向世界廣播，表達台灣人追求獨立以及希望以「一中一台」或「二個中國」模式留在聯合國的心聲，這基本上是一起「神風特攻隊」型態自殺式的宣示行動。不料，起義失敗。那一天，施明德感覺自己老了。

五月三十日，泰源五烈士江炳興、陳良、謝東榮、詹天增、鄭金河被槍斃。

事敗後施明德被獨囚於三尺乘六尺的小「黯房」長達十三個月，不得接見。數月後施明德驚覺喪失語言能力，於是開始每日爲自己朗讀背誦宋詞和年輕時背誦的蓋茲堡演講。

一九七一年　三十歲

十月二十五日，聯合國第2758號決議，承認中華人民共和國政府代表是中國駐聯合國唯一合法代表，中華民國退出聯合國。

一九七二年　三十一歲

日本和中華人民共和國建交，蔣介石切斷和日本的一切交流，包括文化交流，禁止日本電影和書籍進口，監獄也同時禁止閱讀日文書籍。施明德這幾年學會的第二外語被迫中斷，原有的日文書，全部寄回家否則就沒收。

五月二日臺灣警備總司令部透過「東安演習」，將在泰源服刑的三百零六名叛亂犯分三梯次送至綠島。

秋，國慶日急性盲腸炎延誤就醫轉成腹膜炎，三日後等到軍機送台東醫院緊急開刀，撿回一條命。

發表「國際法基礎」分析評論於雜誌。

十月二十五日，聯合國第二七五八號決議，承認中華人民共和國政府代表是中國駐聯合國唯一合法代表，中華民國退出聯合國。

一九七三年　三十二歲

從事新台文設計研究，寫成《新台文的設計原理和實用規則》，手稿在美麗島事件後不知去向！

一九七四年　三十三歲

女友陳麗珠移情別戀剛出獄的政治犯莊寬裕，致施明德在牢獄中無人接繼，兄妹亦不知情，長達一年多窮到沒有衛生紙和肥皂。施明德回憶起這段孤苦零丁無人聞問的日子總嘆道：「冷冷清清，淒淒慘慘戚戚。」

一九七五年　三十四歲

春，獨裁者蔣介石逝世，實施全國減刑，施明德的無期徒刑獲減刑為十五年。

九月三十日著述〈孵豆芽的啟示〉，該文後來啟發了中研院科學家楊祥發院士做實驗，證明豆芽受壓迫會釋放乙烯，促長得更粗壯。

一九七六年　三十五歲

移囚土城仁愛教育所，政治犯出獄前思想改造所在。

欲挽回陳麗珠一家團聚，卻不可得。出獄後陳甚至拒絕施探望小孩。

十月，發生謝東閔郵包爆炸案。

一九七七年　三十六歲

一月，郵包爆炸案行動者王幸男在台北松山機場被台北調查站副局長高明輝逮捕。逮捕後下跪求饒供出台獨機密以換取免死等等情節，全被仁教所導師拿來當作教材。

六月十六日囚滿十五年出獄。

1977 施明德在父親墳前

冬，接受蘇東啟邀請，化名許一文，到雲林擔任政治犯蘇東啟之妻省議員候選人蘇洪月嬌的競選總幹事。運用選舉作社會調查，讓蘇東啟穿上自己從監獄帶出來的囚衣遊街，讓蘇東啟的孩子穿上寫著「我爸爸有罪嗎？」的麻布衣掃街拜票，成功地打了一場漂亮轟動的選戰。

選舉期間認識來台灣觀察學習的美國普林斯頓女研究生Bettine，選後開始交往。

一九七八年　三十七歲

一月著述〈我的囚犯哲學〉一文。

受蘇洪月嬌推薦，在台中市台灣時報任記者，跑社會新聞。

四月以筆名許一文發表《增設中央第四國會芻議》一書，創「萬年國會」一詞，抨擊蔣家獨裁政權，反民主、反人權的措施，險遭逮捕。迅即與美籍女友艾琳達政治聯姻，促成美方介入關切，保住人身安全。

十月十五日與艾琳達在中國飯店舉行婚宴，由雷震主持，黨外人士齊聚一堂，成爲戒嚴時代難得一見的大型政治聚會。也是雷震出獄後唯一和最後一次公開露面。

十一月二十四日，全國黨外助選團成立，開始以辦公室爲家，二十四小時待命中，接受美國「台灣之音」張楊宜宜小姐電話連線，開啟與海外直接溝通的橋樑，黨外運動不再孤立於島內。

十二月五日，在中山堂舉辦「全國黨外候選人座談會」。

十二月十六日，美國總統卡特宣布將與中國建交。蔣經國總統宣布停止選舉活動。黨外人士共同簽署施明德所擬之「社會人士對延期選舉的聲明」。

十二月二十五日，黨外人士在助選團總部聯合簽署，施明德所撰述的「黨外人士國是聲明」，由黃信介當場指定許信良、張俊宏、林義雄、姚嘉文和施明德五人研擬日後黨外運動進程，漸成爲美麗島政團決策核心五人小組。

一九七九年　三十八歲

一月二十一日，余登發父子被捕，一月二十二日發動台灣戰後第一次的政治性示威遊行，抗議國民黨迫害余氏父子。

三月九日，「余案」開庭，施以「總幹事」身份邀集黨外人士至軍法處聲援余氏父子。黃信介當日表示擬辦一份黨外機關報，施明德開始

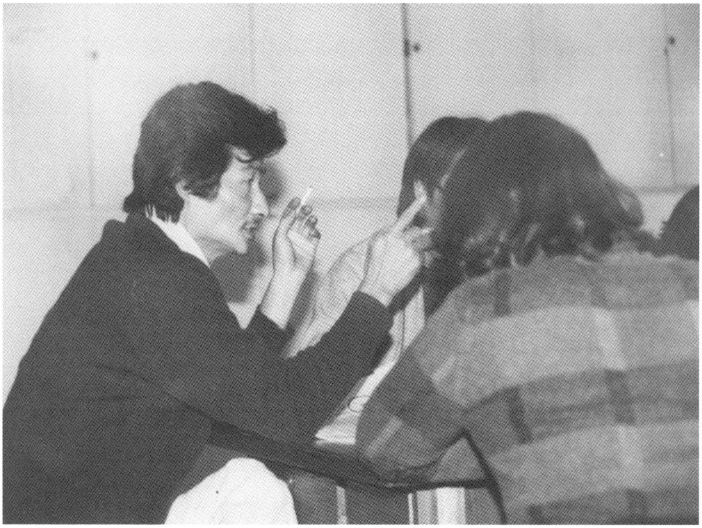

1978 黨外總部幹部會議

構思運作「一個沒有黨名的黨」。

四月，美國總統卡特簽署「台灣關係法」。全國黨外人士發表施明德所擬之「黨外國是聲明」，主張積極重返聯合國。

五月，「余登發案」判決定讞，人造匪諜吳泰安被槍決，荒謬地成為白色恐怖時代最後一個遭槍決的丑角。

五月，覓得台北市仁愛路三段百齡大樓九樓，「美麗島」雜誌社正式成立。

六月一日，「台灣黨外民意代表聯合辦事處」（即黨外總部）成立。黨外總部與美麗島雜誌社互為虛實，如一方被取締，另一方仍可繼續運作。

八月，與五人小組決議，如國民黨不釋放《潮流》地下報的陳博文和吳哲朗先生，即在美麗島創刊酒會中宣布成立「台灣民主黨」，施負責備妥黨綱黨章。

八月二十四日，《美麗島雜誌》創刊號出版。

九月，美麗島雜誌社於中泰賓館舉行創刊酒會。隨後在全台各地到處成立「美麗島雜誌社服務處」，施明德說他在做的是「一個沒有黨名的黨」。

十一月，接任國際人權聯盟台灣中心主任，決議於十二月十日於高雄舉行「世界人權紀念日活動」。

十二月九日，發生「鼓山事件」。

十二月十日，施明德擔任總指揮，在美麗島雜誌社高雄服務處前，舉行群眾大會，遭國民黨雇用職業流氓打手混入群眾裡作亂，最後以催

1979人權

淚瓦斯鎮暴，卽震驚國內外的「美麗島事件」。

十二月十一日，終日沉默。

十二月十二日，夜將離婚協議書予艾琳達，爲艾所拒。

十二月十三日，國民黨展開大逮捕，施明德神來一筆竟在眾目睽睽之下從自宅逃脫成功，無影無蹤，展開二十六日大逃亡。這段奇蹟般時間美籍妻子艾琳達在國際奔走救援，美籍岳母坐鎮美國給每一個美國國會議員打電話救援，引發國際矚目，形成輿論壓力，迫使蔣經國政權，不能也無法如以往一般秘密地速審速決，必須舉行公開審判並開放媒體採訪。

一九八〇年　三十九歲

一月八日，戲劇性逃亡二十六天後在義友許晴富西門町住處被捕。

二月二十八日，國民黨特務派人恐怖暗殺林義雄祖孫四人，林義雄之母與兩名幼女亡，僅大女兒身中數刀後被救活。

三月十八日，美麗島軍法大審開審理庭。施明德從容坦蕩的神情，擲地有聲地論述政治主張，成為輿論焦點。「台灣應該獨立，事實上台灣已經獨立三十年，她的名字叫做中華民國。」「黨禁、報禁、戒嚴令、萬年國會是台灣民主化的四大害。」

三月二十八日，美麗島大審最後辯論庭。施明德驚慟二二八滅門血案，放棄宣讀準備了一個多月的「施明德政治遺囑」最後答辯狀，哭泣道：「請判我死刑！判我死刑！」整個法庭從法官、律師、旁聽席都在流淚。

四月二十九日，施明德被判處無期徒刑，不得減刑假釋，沒收財產。

七月，獨自一人被移送綠島囚禁。

一九八一年　四十歲

施明德在獄中聽聞陳文成事件，與陳文成曾打電話給施明德要捐款給美麗島雜誌社有關，憤而絕食抗議一個月，抗議國民黨的恐怖政策。

一九八二年　四十一歲

僵直性脊椎炎發作，劇痛困擾，與獄方抗爭，要求自費延醫。

1980 美麗島軍法大審

1982 施明德火燒島

一九八三年　四十二歲

諾貝爾和平獎得主華勒沙提名施明德爲諾貝爾和平獎候選人。

盧修一被捕，判感化三年。

十一月三十日著述〈蒙難第二十年感言〉。

一九八四年　四十三歲

林義雄假釋出獄。

一九八五年　四十四歲

一月十五日，得知美國中情局破獲旅美異議作家劉宜良（江南）命案，是蔣經國命台灣軍情局局長汪希苓交代陳啟禮等所爲，是白色恐怖時代第一樁破案的恐怖暗殺。施明德宣布自四月一日起「無限期絕食」，要求戒除戒嚴、釋放出了他以外的所有美麗島政治犯、停止所有恐怖暗殺行動、承認在野勢力的合法地位、依據憲法使民主政治正常化、制度化。他說這是他一個人的和平戰爭，監獄不能讓反抗者停止行動，絕食是最後的武器。

當局派出梁肅戎到綠島勸說不成，絕食二十多日後被移送汀州路三軍總醫院監禁、強制鼻胃管灌食，每日兩次，前後四年七個月，插管約三千多次。

呂秀蓮獲保外就醫。

國民黨同意放人、組黨的要求，施訂出一九八六年二月二十八日期限完成。恢復進食後，送軍法處囚。

一九八六年　四十五歲

一月六日，陳菊被釋放。

二月二十八日，只有陳菊被釋放。梁肅戎解釋，釋放其他政治犯需要時間才做得到，施同意寬限一個月。

三月二十八日，國民黨並沒有釋放任何政治犯。施回復絕食，再度被送三軍總醫院。

七月三日，施絕食逾三個月，國防部施以強制營養。

絕食期間寫信要求許信良在美國宣布成立「台灣民主黨」遷黨回台，五月許在紐約成立，國民黨立刻運作他們的人，所謂辯護律師世代於九月二十八日在圓山成立「民主進步黨」。

一九八七年　四十六歲

一月，妹施明珠來接見，施要妹要求黨外爲二二八事件所有受難者舉行四十週年追悼會。促成第一次紀念會。

一月二十日，姚嘉文假釋出獄。

五月三十日，黃信介、張俊宏假釋出獄。

七月十五日，台灣正式解除自一九四九年來實施三十八年的戒嚴令。施明德宣示自己是無罪的，拒絕蔣經國的特赦。

七月十九日施明德說：「蔣經國是個陰謀家，在國安法通過的那天宣布復權、減刑，用國安法剝奪憲法規定政治犯解嚴後上訴的權利。蔣經國的作法是強暴憲政！」

出版《施明德的政治遺囑——美麗島大審最後答辯狀》，不久旋即被查禁。

一九八八年　四十七歲

五月，再次拒絕總統李登輝減刑。

八月二十二日，大哥施明正在獄外為聲援施明德默默展開絕食，四個月後，營養不良心肺衰竭而死。

一九八九年　四十八歲

出版《囚室之春》所得版稅予艾琳達女士，表達感激。

四月七日，驚聞鄭南榕自焚，悲憤得剃了鬍子。

一九九〇年　四十九歲

五月二十日，李登輝總統宣布「美麗島事件判決無效」，施明德以無罪之身恢復自由，結束長達四年七個月的絕食。出獄時，他對全世界受苦的人說：「忍耐是不夠的，必須寬恕。」

十月十一日應美國國會之邀出席外交委員會聽證會，發表證詞——〈我只帶來信心〉。

獲頒全美台灣人權協會鄭南榕紀念獎、郭雨新紀念獎。

十二月，出任台灣人權促進會長。

十二月十日，美麗島事件十一週年紀念日，台大與東吳學生在台大校門口靜坐示威抗議國民黨政府逮捕政治犯黃華，人群中施明德邂逅東吳大學學生陳嘉君，一見鐘情。他回憶：「一眼，我就知道她是我此生的女人。」

一九九一年　五十歲

秋天返台，參選民主進步黨黨主席選舉，選前兩週特意找陳嘉君來助選。這次間接選舉施敗給許信良。

一整個冬天追求陳嘉君，說想跟她生小孩喚作小板，說無論如何在心底已許下守護她一生一世的諾言。

一九九二年　五十一歲

一月二十三日，陳嘉君不顧挽留赴法留學，離別前施給她買了一只戒指定情，兩人展開靠信件和傳統電話維繫的異地戀。

春，主張建設國家的目標是要把台灣建設爲一個福利國家。

四月十九日，施明德與黃信介、許信良、林義雄率領數萬群衆遊行與靜坐要求「總統直選」。

五月十日，成立「新台灣重建委員會」，推動新憲法、新國家和總統直選。

夏，陳嘉君返台過暑假，離別前夕，施又一次給她買了一只戒指。

十二月十九日，在台南市當選首屆全面改選的立法委員。

一九九三年　五十二歲

春，在立法院任民進黨黨團總召，陳水扁任幹事長。

四月二十六日，帶領民進黨立法委員赴新加坡監督第一次辜汪會談，對國際社會表達台灣人民反對統一的聲音。

夏，赴北歐考察。順道到巴黎探望陳嘉君，第一次吃鵝肝醬、海鮮盤、喝紅酒。一起漫漫悠遊雅典、地中海小島、羅馬、威尼斯，人生第一次感受眞正安靜自由的生活與旅行。

十二月十日，率團至泰國參加「亞洲自由民主政黨聯盟」成立大會。

十二月四日，許信良因縣市長選舉失利引咎辭職，施明德繼任民進黨主席。

冬，陳嘉君返台，共度寒假與春節。

一九九四年　五十三歲

四月，當選民進黨黨主席。

十月二十六日，宣布民進黨中常委決議，主張「金門馬祖非軍事區化」。

十月二十八日，施親上火線，於立法院召開記者發表演說，回覆記者提問。

一九九五年　五十四歲

春，與艾琳達結束長達十七年的政治婚姻。

九月十四日，率民進黨「台灣國家安全訪問團」赴美訪問，參加美國喬治華盛頓大學東亞研究中心舉辦之「台灣國家安全會議」研討會中表示：維護台灣暨東南亞安全，不是台灣單獨的責任，施強調：「民進黨如果執政，不必也不會宣布台灣獨立，因爲台灣已經獨立了半個世紀了，透過明年（一九九六）大選就等於向全世界公開宣示台灣已經是個主權獨立的國家了。」

1995 施明德民進黨主席

秋，陳嘉君在巴黎第五大學完成文化社會學碩士，放棄剛剛申請好的博士候選人決定返台定居。

十月二十四日，在第二屆第六會期對行政院長的總質詢中指出：民進黨願以「大和解的心態」來看待未來政府結構，為分裂、分歧的社會，尋找凝聚一個大和解的權力結構。

作為受難者暨在野黨領袖，施提出「社會大和解，政治大聯合」。

十一月，當選「亞洲自由民主政黨聯盟」主席。

十二月十四日，施明德、林濁水、周伯倫與新黨召集人陳癸淼、趙少康、周荃在立法院咖啡廳進行歷史性的會晤，開啟了「大和解時代」，使以往老死不相往來的民、新兩黨，可以聯手推動法案，制衡國民黨，改變立法的政治結構。

當選台南市立法委員。

一九九六年　五十五歲

二月，由於大和解改變了立法院政治生態，民、新兩黨一致推舉施競選立法院院長，卻因時任台北市長陳水扁原本支持亮票，臨陣又改口說應該信任同志，且同黨扁系立委張晉城和朱星羽、李應元跑票，功敗垂成，第二輪投票以八十一票對八十二票一票之差敗給國民黨提名的劉松藩，俗稱「二月政改」。

三月八日，針對中國對台灣海域進行地對地導彈發射演習，乘坐漁船至射擊區，表達反威脅和追求和平的立場。

三月二十一日，民進黨總統大選失利後，辭去民進黨黨主席一職。

六月六日與陳嘉君結婚。

十二月二十六日，推動「美麗島口述歷史研究」，獲忘年之交中國時報余紀忠先生全力資助。

一九九七年　五十六歲

二月二十五日，二二八大屠殺五十週年前夕，在施的主導之下，聯手促成三黨一派立法委員共同提案推動通過二二八紀念日改定爲國定假日，此乃惟一經立法程序訂定的假日。

四月一日，爲推動「總統直選」而被判處五十日拘役，拒絕易科罰金，以立法委員身份入監服刑。期間，施明德戒菸，牙醫方景亮爲他製作了讓他此生最滿意、舒服的一副假牙。

香港回歸中國，施明德說他不反中，更不反共產黨，他反對戰爭，只要中國一天不放棄武力攻打台灣，他就不踏上中國領土，連領空也避過，九七之後不到香港，九九之後不到澳門。

一九九八年　五十七歲

三月十六日大女兒施蜜娜誕生。

五月二十八日，基於縫合白色恐怖所造成的創傷，主導朝野協商，推動制定「戒嚴時期不當叛亂暨匪諜審判案件補償條例」，施自己則利益迴避不領補償金。法案通過後立刻託人尋覓三十六年前被槍決的政治犯韓若春之妻女，順利在維也納找到已經改名爲成慶齡的韓若春之女，是一名鋼琴家，好讓完全不知情的她領取補償金。

冬，當選台北市立法委員。

十二月十日美麗島事件十九年紀念日，於綠島監獄前，施說：「當權者沒有要求被害者放棄悲情的權利；受難者卻有一種高貴的義務必須執行，那就是點燃寬恕之火！」

一九九九年　五十八歲

七月，擔任全民廢除國大行動聯盟召集人。

秋，把黨證寄還給時任民進黨主席林義雄，不再是民進黨黨員，但是答應不對外公布。

九月三十日小女兒施笳誕生。

「美麗島口述歷史研究」完成近六百萬字口述訪談稿，整理出六十萬字，由時報出版《珍藏美麗島》一套四冊：《I走向美麗島——戰後反對意識的萌芽》《II沒有黨名的黨——美麗島政團的發展》《III暴力與詩歌——高雄事件與美麗島大審》《IV歷史的凝結——1977-1979台灣民主運動影像史》。

十二月十日美麗島事件二十週年紀念，施說：「寬恕是結束苦痛最美麗的句點。」

二〇〇〇年　五十九歲

三月四日，林義雄、葉菊蘭陪同總統參選人陳水扁與施明德見面，達成結論如下：

「葉菊蘭：去演講啦！我都沒有機會上台，你還不去？

林義雄：今天大概有幾個結論：第一、堅持台灣作為主權獨立國家的原則，絕對不可以讓步。第二、當選後人事與政策的決定，應該建立諮詢機制。第三、黨的制度應該朝向『內造化』改造，國會黨團應朝向『責任制』與『資深制』方向改造。

陳水扁：當選之後，我們要成立多數執政聯盟，如果不靠（施）主席，我們要怎樣去和人家談？沒辦法實現。靠寶清嗎？不可能。一切都要拜託主席了。」

三月十八日，施明德在高雄爲陳水扁的選前之夜站台。

陳水扁當選總統，是華人世界第一次政權和平移轉。當夜致電林義雄主席，表示年少時的終結台灣作爲殖民地的命運的夢想以實現，故宣布離開民進黨，回歸做台灣的施明德。

六月，前往波蘭華沙參加第一屆「世界民主論壇」，與世界各國長

2000 施明德爲陳水扁競選總統站台

期致力民主及人權的工作者交換意見。

七月十七日，接受日本「經濟安保研究會」之邀前往日本參議院，以「台灣人心目中的台灣——台灣是一個主權獨立的國家」發表演說。

十二月，擔任「中美國會議員聯誼會」第二屆會長。

二〇〇一年　六十歲

三月八日，獲頒美國加州「中國民主教育基金會」傑出民主人士獎。

春，發現一公分左右肝臟腫瘤，酒精注射療法治療成功。

六月八日，爲因應全球化之挑戰成立「山」盟，擔任召集人。

夏，會見來台訪問的中國民運人士魏京生，兩人暢談海峽兩岸民主與人權的發展。

冬，獨立參選台北市立法委員，民調高居第一、二，卻在政黨夾殺中高票落選。

二〇〇二年　六十一歲

主張高雄應成爲自由港，作爲台灣的香港與阿姆斯特丹，與中國重要港市直航，以因應全球化的經濟變革。這是一個未雨綢繆的計畫，當時高雄仍是世界大三大港，面對中國快速崛起，應該讓政治歸台北，自由經濟歸高雄，讓台北成爲華盛頓與中國周旋，高雄成爲紐約與世界打交道。獨立參選高雄市長，被兩黨夾殺落敗。

十月，出版《無私的奉獻者，狂熱的革命者》散文集。

十一月，出版《永遠的主題：施明德與魏京生對談錄》一書。

二〇〇三年　六十二歲

春，針對陳水扁政府，假借「美麗島事件檔案展」對美麗島世代副總統呂秀蓮進行政治鬥爭，粗製濫造的展示方式嚴重侵犯政治受難者之隱私與尊嚴，因此提出國家損害賠償訴訟，要求受難者的知情權，獲李念祖擔任義務辯護律師。妻子陳嘉君展開對白色恐怖國家檔案的研究。

夏，學習開車，取得駕照。

秋，接受美國喬治梅森大學客座教授邀請，舉家赴美。施蜜娜在美就讀小學一年級，施笳唸幼兒園。

二〇〇四年　六十三歲

二月二十八日在美國華盛頓教堂與陳嘉君舉行教堂婚禮。

三月十九日發生三一九槍擊事件。

八月，自美返台，施明德在兩岸事務上提出「一中歐盟化」的新主張，盼望打破兩岸的僵局，並成立「內閣制促進會」，投入憲改運動。

冬，獨立參選台北市立法委員，訴求「內閣制」、「藍綠和解」，民調依舊高居第一、二，又再一次在政黨夾殺中高票落選。

二〇〇五年　六十四歲

十月六日，台灣大學政治學系爲「表彰施明德先生對台灣民主發展之卓越貢獻」特設立「施明德先生講座」，以推動族群和諧、政治和解、兩岸和平爲宗旨。

二〇〇六年　六十五歲

五月，與諾貝爾和平獎得主南非前總統戴克拉克對談「和解：南非經驗 台灣願景」。

七月，提前健檢，發現一公分肝癌，電燒手術治療成功。

陳水扁政權貪腐濫權，證據確鑿，天怒人怨達高峰。

八月七日施於中國時報刊出「給陳水扁總統的一封公開信」，說道：

「總統是國家道德最亮的標竿。

總統是國家主權的肉身象徵。

總統是穩定政權的基石。

當標竿蒙塵，當肉身污化，當基石傾斜，人民還能盼望什麼？

扁哥，我們錯了。執政後，我們沒有把這個黨帶好，我們沒有引領台灣走向廉能的社會，我們必須勇敢認錯，我們應該鞠躬下台。坦承認錯，會得到人民的體諒。硬拗、狡辯只會帶來更大的羞辱和報應。

民主政治的可貴，在於不怕更換國家舵手！

國家最大的危機，在於人民失去了信心和信任！

給一個榜樣吧！

示弱是強者的美德！

唯有真正的強者，才敢認錯才敢捨棄！」

八月十二日，施發動一人一百元「百萬人民反貪倒扁運動」，七個工作天即達百萬人次支持。

九月九日，正式於總統府前凱道上展開和平靜坐示威，要求涉貪的陳水扁總統下台。

百萬人民倒扁
DEPOSE

九月十五日「圍城行動」，成功且和平地帶領百萬群眾環繞總統府一周，群眾從凱道移師到火車站，繼續和平靜坐示威。施當夜和平移師成功致詞時，感動地跪下向上蒼說：「感謝這麼可愛的台灣人民，我們有信心捍衛台灣的民主、自由、人權以及主權。」

十月十日「天下圍攻」，群眾和平熱情包圍總統府的國慶典禮，唯恐群眾失控，施引領群眾遠離總統府，往忠孝東路東邊遊行。

十二月，反貪倒扁總部希望群眾回歸正常生活，總指揮施明德宣布「自囚」於濟南路運動總部。

2006 九月九 百萬人民反貪倒扁序幕

二〇〇七年　六十六歲

四月一日，宣布結束「自囚」。

八月三日，施明德等人十六人因率領紅衫軍發動天下圍攻，遭台北地檢署以違反「集會遊行法」起訴。

爲施蜜娜和施笳成立「施塾」，在家自學。

二〇〇八年　六十七歲

九月五日，高俊明牧師對於紅衫軍時期攻擊施明德的言論向施明德道歉，懺悔他的不當言論，兩人公開和解。

公開反對貪腐的民進黨總統，遭到昔日同志甚至親人最無情狠毒的污衊辱罵，文化大革命毀滅式的攻訐，施痛苦萬分，公開與陳麗珠一家人決裂，斷絕關係再不往來。

二〇〇九年　六十八歲

二月，紅衫軍十六人違反集會遊行法，宣判無罪。

紅衫軍三週年紀念，出版《總指揮的告白》一書。

抗議馬英九政府在美麗島事件三十週年紀念時，榮耀江南案的恐怖暗殺主使者前軍情局局長汪希苓。

二〇一〇年　六十九歲

美麗島軍法大審三十年紀念，出版《叛亂／遺囑》。

八月十日施明德鄭重地警告兩岸國家領導人，於聯合報、自由時報、蘋果日報等刊登「施明德的緊急呼籲」：希望提醒馬英九總統、台灣人民以及中華人民共和國政府，正視ECFA第十六條片面終止條款所隱含的中華人民共和國對中華民國「以商逼政」的毀台危機。

二〇一一年　七十歲

夏，出版著作《常識——一個台灣人最好知道的事》，自序：「我這本《常識》，寫的是我們已經生活在一個主權獨立的國家了，國人卻常常還在荒謬地爭執著『我們的國家』是否獨立？以及我們是哪一國人？我只好像說故事那樣，告訴大家一些常識，讓二千三百萬台灣人民能夠團結起來，認清自己，迎戰二十一世紀的挑戰，不要再逗留在二十世紀的對抗、仇恨之中。」

二〇一二年　七十一歲

十二月發起推動「台灣感念祠」。爲表彰前人貢獻，施明德連同學術界、藝文界等民間人士規劃創設台灣感念祠，希望供奉足以爲台灣精神典範的人物。

二〇一三年　七十二歲

六月二十一日，施明德在國家最高民意機構立法院禮堂舉行「敬烈士」，遙祭一九七〇年泰源革命事件被槍決的五烈士江炳興、陳良、鄭金河、謝東榮和詹天增。施哽咽道：「民主自由是抗爭者的戰利品，絕對不是統治者的恩賜物。自己無能，走了四十三年才把泰源五烈士揹到立法院，使他們得以安息。」

發表〈傳承與前瞻，台灣請你愛每一個人〉支持返還同性戀者應有的天賦人權。

二〇一四年　七十三歲

五月二十七日，施明德偕同台灣藍綠政壇上處理過國際暨兩岸事務者程建人、洪奇昌、張五岳、蘇起、陳明通、焦仁和，經過數月討論，達成共識，發表「我們的呼籲——處理兩岸問題五原則」，一起捍衛台灣主權。

一、尊重現狀，不片面改變現狀。

二、現狀是：中華民國與中華人民共和國自一九四九年起，即已並存於世，而且雙方政府已從「交戰政府」轉爲「分治政府」。

三、「一中原則」已被部分人士窄化、僵化成「中華人民共和國」的代名詞；既無法呈現兩岸現狀，也愈來愈難被中華民國兩千三百萬台灣人民所接受。建議用「大一中架構」取代，才能符合現狀，邁向和解之路。

四、「大一中架構」意在「中華民國」與「中華人民共和國」之上共組一個不完整的國際法人，以共識決處理雙方關切的事務，作爲兩岸現階段的過渡方案。

五、在「大一中架構」之下的雙方，應消除敵對，共同維護本地區之和平與安全。雙方承諾互不使用武力，且不得與任何國家簽定不利於另一方的軍事攻防協定；雙方均享有參加聯合國等國際組織，以及與其他國家建立正常關係的權利。

2014 兩岸和平處理五原則

二〇一五年　七十四歲

五月二十一日，施明德宣布以獨立參選人身份投入公民連署，高舉「和解是臺灣唯一的路」，提出「聯合政府」的主張，對各黨各派進行整合，並且採「內閣制」爲中央政府體制，以公投的方式修改憲法。

施明德主張以「大一中架構」，在中華民國與中華人民共和國之上共組一個不完整的國際法人，以共識決處理雙方關切的事務。

施明德聲明表示：「從十六歲那年，我決心投考軍官學校，推翻獨裁政權，我不敢一刻忘記『國家、責任、榮譽』，我把『自由、平等、博愛』視如明鏡，不敢背叛。」其後因無法達到有效連署，宣布退選。

二〇一六年　七十五歲

大女兒施蜜娜前往紐約就讀帕森設計學院藝術系。

二〇一八年　七十七歲

小女兒施笳前往美國史丹佛大學就讀。

二〇二〇年　七十九歲

出版《死囚——施明德回憶錄Ⅰ　一九六二～一九六四》。

二〇二一年　八十歲

施明德人生最後最想做的兩件事是蓋血牆及台灣感念祠。十二月二十四，他透露，陳菊當總統府祕書長時，蔡英文總統曾將興建台灣感念祠一事交辦給行政院長蘇貞昌，卻被蘇貞昌擱置。

重新出版《施明德的政治遺囑：美麗島軍法大審最後答辯狀》。

二〇二二年　八十一歲

一月八日，同時是四十二年前美麗島事件後施明德逃亡二十六天後被逮捕這天，中華人權協會爲表彰施明德對台灣人權運動的貢獻，頒發「人權終身成就獎。」

出版《軍法大審——施明德回憶錄III　一九八〇》。

二〇二三年　八十二歲

出版《金馬是引信，亦是誘餌？——遙送習總書記一支橄欖枝》。

秋，攜妻嘉君到北海道過中秋節。

以哈戰爭爆發後，施明德在臉書寫下「我是巴勒斯坦人，我哭泣。」

肝臟再度發現一公分的腫瘤，十一月十三日再度用電燒治療，卻失敗引發一系列併發症，隨後住進加護病房。

在病房裡收到出版社送來妻子嘉君出版的新書《特務時代與他的人生》，一本獻給他的書。

二〇二四年　八十三歲

一月十五日八十三歲生日當天，凌晨一時四十七分，在妻子嘉君的懷抱和女兒蜜娜和笳的陪伴下，與世長辭。家人遵旨謝絕告別式、追思會、紀念會，靈柩在家中停靈百日後花葬火化，骨灰安厝在家中神龕常伴妻女。

PEOPLE 541

我只帶來信心——施明德語錄【珍藏增訂版】

作　者—施明德
藝術總監—張治倫
主　編—陳文茜、施陳嘉君
編　輯—謝翠鈺
美術編輯—林姿婷、李宜芝、SHRTING WU
企　劃—鄭家謙

董 事 長—趙政岷
出 版 者—時報文化出版企業股份有限公司
108019台北市和平西路三段二四〇號七樓
發行專線—（〇二）二三〇六六八四二
讀者服務專線—〇八〇〇二三一七〇五
（〇二）二三〇四七一〇三
讀者服務傳真—（〇二）二三〇四六八五八
郵撥—一九三四四七二四時報文化出版公司
信箱—一〇八九九　台北華江橋郵局第九九信箱

時報悅讀網—http://www.readingtimes.com.tw
法律顧問—理律法律事務所　陳長文律師、李念祖律師
印　刷—勁達印刷有限公司
三版一刷—二〇二四年十一月二十二日
定　價—新台幣五二〇元
（缺頁或破損的書，請寄回更換）

時報文化出版公司成立於一九七五年，
並於一九九九年股票上櫃公開發行，於二〇〇八年脫離中時集團非屬旺中，
以「尊重智慧與創意的文化事業」爲信念。

我只帶來信心：施明德語錄 / 施明德作 . -- 三版 . -- 臺北市：時報文化出版企業股份有限公司, 2024.11
面；　公分 . -- (People ; 541)

ISBN 978-626-396-996-4(平裝)

1.CST: 臺灣政治

573.07　　113016948

ISBN 978-626-396-996-4
Printed in Taiwan